지휘하는 요한 슈트라우스를 둘러싸고 하이든, 슈만, 바흐, 모차르트, 브루크너, 헨델, 글루크, 바그너, 뷜로, 브람스, 베토벤, 베버, 슈베르트가 왈츠를 추고 있다. 가위로 잘라 만든 실루엣화를 채색 석판화로 만든 오토 뵐러의 1899년 작품

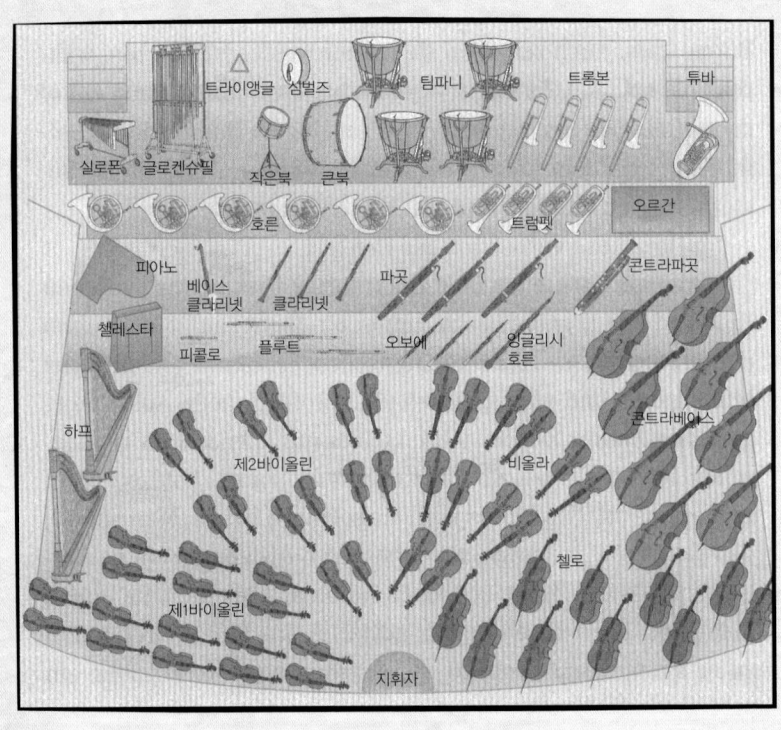

오케스트라의 자리 배치. 오케스트라에 따라 배치가 조금씩 달라지기도 한다.

1560년경의 초기 오케스트라 모습

18세기 중엽의 오케스트라 모습

하이든이 악장으로 일했던 에스테르하지 극장의 공연 모습

파리의 원형 연주회장

어린 멘델스존이 실내악단을 지휘하는 모습

슈트라우스의 대규모 오케스트라 캐리커처

1899년 세자르 프랑크의 〈교향곡 d단조〉가 초연된 파리 음악원 연주회

열정적인 플루트 연주가였던 프리드리히 대왕

트롬본 연주자

지휘하는 푸르트벵글러의 캐리커처

지휘하는 브루크너의 캐리커처

청력을 잃은 베토벤이 자신의 교향곡 9번 초연을 지켜보는 모습

지휘하는 브람스의 캐리커처

주세페 베르디의 지휘 모습

드보르자크의 지휘 모습

바그너의 〈트리스탄과 이졸데〉를 지휘하는 한스 폰 뷜로의 캐리커처

지휘하는 베를리오즈의 캐리커처

바흐 시대에 비올라 다 감바를 연주하는 모습

〈환상교향곡〉을 연주한 베를리오즈의
공연 후 파가니니가 경의를 표하는 모습

제스처가 유난했던 피아니스트 프란츠 리스트의 캐리커처

부다페스트에서 자신의 오라토리오를 지휘하는 리스트

오케스트라 좋아하세요?

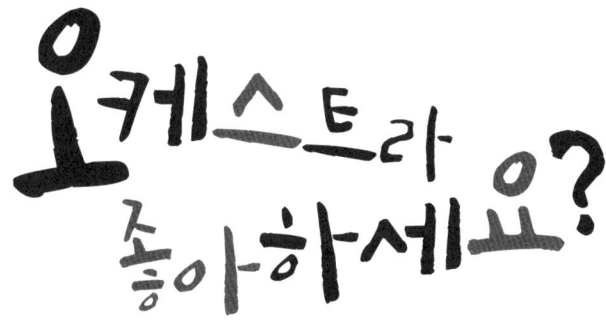

오케스트라 좋아하세요?

세상에서 가장 큰 악기 오케스트라의 모든 것

미츠토미 도시로 지음 | 이언숙 옮김 | 이용숙 감수

열대림

오케스트라 좋아하세요?

세상에서 가장 큰 악기 오케스트라의 모든 것

초판 1쇄 발행 2011년 6월 25일
개정판 1쇄 발행 2022년 3월 5일

지은이 미츠토미 도시로
옮긴이 이언숙
감수자 이용숙
펴낸이 정차임
디자인 예온
펴낸곳 도서출판 열대림
출판등록 2003년 6월 4일 제313-2003-202호
주소 서울시 서대문구 연희로11자길 14-14, 401호
전화 02-332-1212
팩스 02-332-2111
이메일 yoldaerim@naver.com

ISBN 978-89-90989-73-4 03670

클래식 음악을 좋아해서 연주회에 자주 가는 사람이라면, 오케스트라가 베토벤의 교향곡을 연주하는 동안 연주에 집중하면서 머릿속으로 지휘자의 곡 해석이나 오케스트라의 역량을 가늠하고 있겠지요. 때때로 음악과 무관한 딴생각이 떠오르기도 하겠지만요. 하지만 지인의 초대를 받거나 티켓을 선물받아 오케스트라 연주회에 처음으로 간 사람이라면, 우선 청중이 가득한 연주회장 분위기에 긴장하거나 처음 보는 무대 위 상황에 신경이 쓰여 음악에 집중하기 어려울 수도 있습니다.

연주회가 시작되기 전 오케스트라 단원들이 자리를 잡은 뒤 콘서트마스터(제1바이올린 수석 주자)가 등장해 모든 악기들의 음을 맞추는 튜닝을 하면 '왜 이렇게 심란한 소리를 내지?' 하며 얼굴을 찡그리기도 하고, 지휘자가 등장해 콘서트마스터와 악수를 하면 '아직 시작도 안 했는데 왜 저 사람과 악수를 하는 걸까?' 하는 의문을 가지기도 합니다. 무대 위 오케스트라 악기 배치를 보면서 '저 악기는 언제나 저 자리에 있는 걸까?'라고 궁금해하기도 하고, 타악기 연주자가 악기를 바꿔가며 연주하면 '오늘 저 연주자가 결석인가? 두 사람 몫을 혼자 하고 있네' 하고 의아해지기도 하죠.

이 책은 이처럼 오케스트라 연주회의 호기심 많은 초심자 청중이 궁금해할 만한 의문들에 답하고 있습니다. 클래식 연주회에 익숙한 청중이라면 무심히 당연한 것으로 받아들일 다양한 상황을 초심자의 시각에서 새롭고 낯설게 바라보는 것이 이 책의 장점이죠.

'오케스트라'를 주제로 한 수많은 입문서나 안내서 대부분은 오케스트라의 악기 편성이나 악기 배치, 악기의 소리 등을 설명하는 데 중점을 둡니다. 또는 음악사에 길이 남을 관현악 걸작들을 모아 해설한 책들도 있죠. 그런데 이 책은 좀 독특합니다. '오케스트라 연주회의 매력'이라는 제목의 도입부에서 '스테이지 매니저란 무슨 일을 하는 사람인가'부터 설명하고 있으니까요. 연주회에서 청중에게 음악이 전달되기까지 얼마나 많은 준비 작업이 필요하며 구체적으로 누가 어떤 일을 하는가 하는 내용을 유머러스한 말투로 짚어 주고 있답니다. 각 악기의 악보를 준비해 연주자 개개인에게 전달하는 사람, 튜닝하는 순간의 무질서한 아름다움, 연주회 프로그램의 중요성…….

이런 내용을 읽으며 연주회의 배경 상황에 적응해 가다 보면 자연스럽게 오케스트라의 악기들 이야기로 넘어갑니다. 이제 준비 작업이 끝나고 본격적으로 음악이 시작됩니다. 각 악기의 특징과 역사적 변천을 간단하고 재미있게 기술했네요. 촛불 조명의 열기 때문에 음높이가 변하는 악기, 콘트라베이스가 멜로디를 연주하는 작품의 예, 연주회 프로그램을 구성하는 요령, 지휘자의 역할, 오케스트라의 자체 공연(정기연주회)과 의뢰 공연에 관한 설명 등이 특히 눈길을 끕니다. 후반부에서는 오케스트라 음악에 입문하는 데 가장 적합한 교향곡, 협주곡, 표제음악의 인기곡들을 한자리에 소개하고 있습니다.

이 책에서 특별히 인상적인 것은, "서양 음악을 천 년 가까이 들어온 유럽인과 고작 백 년 조금 넘게 들어온 우리를 똑같이 생각하는 것 자체가 무리 아닐까?"라고 말하는 저자의 기본적인 관점입니다. 서양 클래식 음악을 수용하는 일본의 수준이 우리보다 훨씬 선진화되어 있다며 우리는 종종 부러워하지만, 이 책의 저자는 "일본에게도 역시 클래식 음악은 자기 것이 아니다"라고 역설하는 셈이죠. 그런 이유로 저자는 '해설이 있는 음악회'를 적극 권하고 있습니다. "잘 모르면서 안다고 생각하지 말고, 모른다는 사실을 인정하면서 공부해 나가자"는 주장입니다.

저자는 "연주 보수만으로 생계를 꾸려갈 수 있는 연주자는 극소수에 불과하다"는 음대 졸업생의 힘겨운 현실까지 짚고 넘어갑니다. 단순히 정보와 지식을 나열한 입문서가 아니라 저자의 의도와 관점이 살아 있는 오케스트라 음악 입문서여서 더욱 흥미롭습니다.

이용숙(음악평론가)

　나는 "요리와 음악은 비슷하다"고 생각한다. 아니 "그 본질은 같다"는 생각까지 든다.

　이런 말은 당연히 의아하게 들릴 것이다. 그도 그럴 것이, 악기나 오선보, 컴퓨터를 마주하며 음을 다루는 음악가와, 채소나 고기, 생선, 소금 등의 식재료를 놓고 도마와 부엌칼로 씨름하는 요리사가 연관성이 있으리라고는 아무도 생각하지 않기 때문이다.

　그럼 이렇게 한번 생각해 보면 어떨까?

　음악가는 바이올린이나 기타를 손에 쥔 순간 어떤 생각을 할까? 아마도 이제 연주하려는 음악을 머릿속에 그려보고 있을 것이다. "이 음은 이렇게 이런 식으로 연주하자." "악기가 이 음을 잘 내주었으면 좋겠는데."

　이런 생각과 함께 이제부터 연주할 음악을 한창 머릿속에 그리고 있을 것이다. 실제로 음악가는 음을 내기 전에 자신이 만들어낼 음악과 사운드를 상상해 보고 시뮬레이션 해본 다음, 이어서 실제 연주에 들어간다. 이와 같은 과정이 음악에는 반드시 필요하기 때문이다.

그럼 요리는 어떨까? 요리도 마찬가지다.

훌륭한 요리사라면 눈앞에 돼지고기와 양파와 소금과 후추가 있을 때, 이것들을 어떤 모양으로 잘라 어떻게 조리하여 어떤 맛을 내고 마지막으로 어떤 맛의, 어떤 색의, 어떤 모양의 요리로 완성할지를 이미 머릿속에 그려놓을 것이다. 다시 말해 요리사 역시 요리를 만들기 전이지만 이미 요리를 맛보고 있는 것이다. 바로 이 점이 아주 중요한 포인트다.

음악가에게는 음을 내기 전에 앞으로 연주할 음악의 이미지를 만드는 과정이 필요하며, 요리사에게는 조리하기 전에 자신이 만들어내고 싶은 요리의 맛과 모양, 색에 대한 이미지를 만드는 과정이 반드시 있어야 한다. 이 과정을 거치지 않는 사람, 혹은 거치지 못하는 사람은 음악을 할 수 없고, 요리를 할 수 없다.

극단적으로 말하면 이와 같은 이미지를 만들어낼 수 있는 사람이야말로 진정한 음악가이며 진정한 요리사다. 따라서 실제로 악기를 들지 않아도, 실제로 손에 칼을 쥐지 않아도 음악이나 요리를 할 수 있는 것이다. 그 이미지를 음악가는 악기를 연주할 수 있는 사람에게 전달하고, 요리사는 조리 기술을 가진 사람에게 전달만 하면 되기 때문이다('셰프'라는 존재는 자신이 직접 칼을 잡지 않아도 요리의 최종 결과물의 이미지를 요리사에게 전달만 하면 된다).

음? 그런 의미에서 보면 오케스트라의 지휘자와 셰프의 역할이 의외로 비슷하잖아?

이에 동의하는 사람이라면 내가 이 책에서 말하려는 요지를 거의 완벽하게 이해했다고 해도 좋을 것이다.

요리와 음악의 또 다른 공통점 하나. 본래 이 두 가지는 모두 지역성이 강한 존재였다는 점이다.

'존재였다'는 과거형 표현을 쓴 데는 이유가 있다. 지금은 교통, 인터넷 등의 인프라가 잘 갖춰져 있어 지구촌이 아주 가까워졌다. 그래서 그 지방이나 지역이 지닌 성향이 모든 분야에서 점점 옅어지고 있어서, 음악이나 요리 분야에서도 예전에 지녔던 지역성을 느끼지 못하게 되었기 때문이다.

요리의 기본은 자르고 굽고 익히는 정도를 어떻게 하느냐이다(발효라는 복잡한 과정도 있으나 이는 아마도 선택사항에 속할 것이다). 지역마다 소재가 다르고, 기후나 종교적 사고방식 등에 따라 미각의 기본인 짠맛, 단맛, 매운맛, 신맛까지도 다르다. 따라서 온 세계 각 지역에서 다양한 요리가 탄생할 수 있었던 것이다.

음악도 이런 방식으로 생각해 보면 쉽게 이해할 수 있다. 지역마다 다른 것으로는 '악기'와 '언어'(소재) 그리고 '리듬', '멜로디', '하모니'(맛내기)가 있다. 악기가 다르면 음악도 달라진다. 언어가 다르면 음악도 달라진다. 따라서 지구상에는 라틴 음악이 있는가 하면 러시아 민요가 있고, 오키나와 음악이 있는가 하면 인도네시아의 감란 음악도 있다. 날씨가 더운 지방의 매콤한 요리와 개방적인 음악. 추운 지방의 소금기 많은 요리와 실내에서 연주하는 음악. 이렇게 얼추 구분해 볼 수 있다.

악기라는 것은 기본적으로 그 지역에서 구할 수 있는 소재로 만들어진다. 대나무라는 식물이 있었기 때문에 샤쿠하치(尺八, 우리나라 퉁소와 비슷한, 세워서 부는 일본 전통 목관악기 - 옮긴이)나 노칸(能管, 우리나라 단소와 비슷하나 단소는 세워서 불고 노칸은 대금처럼 옆으로 부는 일본 전통 목관악기 - 옮긴이)이라는 악기가 탄생할 수 있었고, 커다란 벌레 먹은 유칼리나무가 있었기 때문에 디저리두(Didgeridoo)라는 호주의 악기가 탄생했다. 우리가 지금처럼 악기를 은이나 금, 동, 그밖의 금속으로 만들기 시작한 것은 산업혁명과 같은 거대한 변화를 겪은 다음이다.

인간은 자신이 사는 곳에 있는 소재를 이용해 무언가를 만든다(음악도 요리도). 이는 인간의 자연스러운 행동이자 심리다. 요리라는 것은 그 지역의 식재료를 그 지역의 기후와 풍토에 맞게 맛을 내어 탄생시킨 것이며 음악도 마찬가지다.

살펴보았듯 정말 요리와 음악은 공통점이 많다는 것을 쉽게 알 수 있다. 오케스트라라는 존재에 대해서도 이처럼 생각하면 좋을 것이다.

오케스트라는 세계의 어떤 소재라도 조리할 수 있고 어떤 맛도 낼 수 있는 가장 편리한 요리사다. 그리고 어떤 맛으로 어떤 색이나 모양으로 만들지 이미지로 그리면서 악보를 완성하는 일이 작곡가나 편곡자의 역할이며, 그렇게 악보로 옮겨진 음악의 이미지를 오케스트라에게 정확히 전달하는 일이 지휘자의 역할이다. 요컨대 지휘자는 바로 셰프와 같은 존재다.

음악도 요리도 모두 우리 인류에게 행복을 가져다주었다. 머리를 감싸며 고민할 필요도, 신음할 필요도 없다. 그저 단순히 맛있으면 맛있어서 좋고 맛없으면 맛없으니 먹지 않으면 된다. 그러면 될 뿐. 우리는 좋은 음악을 들으면 행복해지고, 맛있는 요리를 먹으면 역시 행복해진다. 다만 그 맛을 발견하지 못한다면 아무리 좋은 음악을 들어도, 아무리 맛있는 요리를 먹어도 행복해질 수 없지 않을까?

오케스트라와 지휘자. 서양 음악이라는 커다란 레스토랑의 주방에서 요리사들을 지휘하는 셰프의 모습을 떠올려 보면서, 음악의 진정한 맛을 찾아가는 여정을 시작하고자 한다.

미츠토미 도시로

| 차례 |

1장

오케스트라란
무엇인가?

오케스트라의 문턱

오케스트라, 하면 먼저 무슨 생각이 떠오르는가?

넓은 콘서트홀? 바이올리니스트나 첼리스트, 플루티스트들의 화려한 연미복과 드레스? 약간 찡그린 얼굴로 무대를 향해 진지한 시선을 보내는 청중? 아니면 기분 좋게 꾸벅꾸벅 조는 청중? 로비에서 담소 나누기에 열중인 관객들? 아니면 베토벤이나 브람스와 같은 클래식 음악?

분명한 것은 티셔츠에 청바지를 입고 환호와 함께 음악에 맞춰 춤을 추는 라이브하우스 분위기와는 사뭇 다르다는 점이다. 오케스트라는 왠지 엄숙하고 점잖은데다가 명품을 앞에 둔 느낌이랄까? 왠지 범접하기가 어려워 긴장감조차 감도는 분위기가 있다고

나 할까?

오케스트라 연주회에 갈 때는 어떤 복장을 해야 할까? 정장을 해야만 하는 걸까? 평상복이어서는 안 되는 걸까?

이런 생각으로 머릿속이 복잡해지는 사람이 많을 것이다. 오케스트라 연주회장에서의 드레스 코드(갖추어야 하는 복장)란 본래 연주자가 갖춰야 하는 예의일 뿐, 기본적으로 청중에게 그런 의무는 없다. 다만 드레스 코드는 주최자가 제안하는 것으로, "이번 연주회에는 정장을 갖춰주세요" 하고 제안하는 경우가 없지는 않다.

빈 필하모니 관현악단의 신년 연주회나 베를린 필하모니 관현악단의 연말 연주회처럼 정장을 갖추고 연주회에 가는 것이 일종의 관례로 정착하여 오히려 청중이 이를 즐기는 경우도 있다. 이렇게 생각해 보자. 록 그룹이나 밴드의 팬들은 자기가 좋아하는 그룹과 같은 스타일로 옷을 입고 콘서트에 가는 경우가 많다. 이는 그들이 콘서트를 즐기는 방법 가운데 하나다. 오케스트라 연주회 역시 드레스 코드라는 것 자체를 연주회를 즐기는 방법 중 하나라고 생각할 수 있을 것이다. 분명한 것은, 기본적으로 오케스트라 연주회에 갈 때의 복장은 자유다.

"음, 그렇지만, 오케스트라 연주회 문턱이 엄청 높은 것도 사실이잖아?"

확실히 그 문턱이 낮다고는 할 수 없다. 그러나 시각을 조금 바꾸어 보자. 할아버지 할머니 입장에서는 오케스트라 연주회에 가는 것보다 좋아하는 그룹의 스타일에 맞는 옷을 입고 라이브하우스에

가는 쪽이 훨씬 문턱이 높지 않을까?

요컨대 정체가 불분명한 것에 대해 인간이 갖게 되는 본능적인 공포심이 문턱을 높게 만드는 것이다. 다시 말해 오케스트라에 대해 좀더 알게 되면 그런 문턱은 지금보다 훨씬 낮아지지 않을까?

그럼 우선 오케스트라의 어떤 점에 대해 알아야 할까? 오케스트라의 역사? 오케스트라에서 일하는 사람들에 대해? 오케스트라에서 연주하는 음악의 내용?

아마도 오케스트라가 무엇을 말하는 것인지, 그 역사는 어디에서 시작되었는지 등의 역사적 부분부터 파고드는 것이 본래 해야 할 수순이겠지만, 우리가 학교에서 배운 역사 수업을 통해 알 수 있듯, 세계 역사의 첫 부분은 언제나 지루하기 그지없다.

"기원전 아테네에서 그리스 비극이 상연되었을 때 무대와 객석 사이의 공간을 오르케스트라(orchestra)라고 불렀다"라는 지식을 갖고 있다고 해서 "그래서 뭐?"라는 대답을 듣는다면 그것으로 이야기는 끝.

중요한 것은 지금 우리가 눈으로 보거나 귀로 듣는 오케스트라의 정체를 이해해야만 이야기를 진행할 수 있다는 점이다.

그래서 우선 오케스트라에 필요한 것, 필요한 사람들에 대한 설명부터 시작하려고 한다.

음악이란 무언가를 전달하는 것

리코더라는 악기도, 하모니카라는 악기도 오케스트라를 구성하는 악기는 아니다. 밴드의 드럼도, 기타나 베이스도 오케스트라의 구성 악기가 아니다. 그래서 이런 악기들이 오케스트라를 이해하는 데 아무런 도움도 되지 않는다고 말하는 사람은 음악을 이렇게 생각해 보기를 바란다.

음악이란 본래 인간이 무언가를 생각하고 그 무언가를 누군가에게 전달하고 싶을 때 사용하는 표현 수단 중 하나라고 말이다.

어머니가 자신의 아이를 보며 "아유, 귀여워!", "아무 탈 없이 잘 자라줘"라는 감정을 아이에게 전달하고 싶을 때 그 생각이 노래(자장가가 그런 것이리라)로 표현되기도 하지 않은가(정식 노래가 아니더라도 아이를 어르면서 허밍 정도는 할 것이다)! 들판에 핀 꽃이나 나무들의 아름다운 색과 모양을 누군가에게 전하고 싶을 때에도 사람들은 목소리(언어)나 소리로 표현하고 싶어한다.

이처럼 인류는 언어를 발명하기 훨씬 이전부터 음악을 만들고 그림을 그려왔다. 다시 말해 하모니카로 연주하는 음악이나 기타나 베이스로 연주하는 음악이나 모두 인간의 생각을 전하려 한다는 의미에서 오케스트라와 다르지 않다.

게다가 우리는 학교 음악 시간에 분명 이렇게 배웠을 것이다.

"음악에는 리듬, 멜로디, 하모니가 있어서 이 세 가지 요소를 바탕으로 음악이 만들어진다"고 말이다.

그리고 리듬이란 무엇인지, 멜로디란 무엇인지에 대한 음악사전의 지식도 이때 배웠을 것이다.

그렇다. 이 세 가지 요소를 알면 어떤 음악이라도 만들 수 있으며 이해도 가능하다. 요리도 마찬가지로 짠맛, 매운맛, 단맛, 신맛만 이해하면 어떤 요리의 맛도 감지할 수 있으며 만들 수 있다. 중국 요리든 이탈리아 요리든 일본 요리든 이 기본 맛을 조합해 요리를 만들어내는 것이기 때문이다. 따라서 어떤 음악이든 "이 음악은 이런 리듬으로, 이런 하모니로, 이런 멜로디로 만들어졌다"는 식으로 생각하면 되는 것이다.

리듬, 멜로디, 하모니

클래식 음악은 리듬이 없어서 지루하다고 말하는 사람이 종종 있다. 이 말의 의미는 분명 이런 것이리라.

"클래식 음악에는 록이나 팝, 재즈에서 상소하는 비트가 그리 강조되지 않아서 듣다 보면 몸이 굳어지면서 점점 졸음이 몰려온다."

클래식 음악에는 밴드의 드럼과 같은 존재가 없어서 4박자 중 두 박자째와 네 박자째에 강조되는 비트가 명확하지 않다. 하지만 그렇다고 해서 비트가 없다고 단언할 수 있느냐 하면 그게 또 그렇지가 않다. 연주하면서 그리 강조하지 않을 뿐이다. 만약 비트를 강조하고자 하면 오케스트라 구성에 드럼이나 퍼커션(타악기)을 넣기만 하면 된다(사실 이런 악기 편성법을 구사하는 오케스트라 작품도 있다).

4명이나 5명으로 리듬, 멜로디, 하모니를 만들어내는 밴드는 오케스트라와 달리 각자의 역할 분담이 확실하다. 리듬을 만드는 기본 역할은 베이스가 담당한다. 그리고 이를 받쳐주면서 하모니를 담당하는 악기는 기타 아니면 키보드다. 멜로디는 보컬이나 기타가 맡는다. 그럼 드럼은? 드럼의 역할은 지금 말한 각 악기의 역할을 더욱 강조해 주는 것이다. 드럼은 멜로디에 따라 노래를 부르는 것도 아니고 하모니를 만드는 것도 아니어서 언뜻 보아 리듬을 만드는 역할만 담당하는 듯 보인다. 하지만 드럼은 리듬, 멜로디, 하모니 모두를 아우르는 역할을 한다. 메인 보컬과 기타, 베이스를 멋지게 이어주는 접착제와 같은 역할을 담당하는 악기가 바로 드럼이다.

그래서 오케스트라에서는 100명이나 되는 연주자들이 각자 다양한 맛을 내면서 이 모든 역할을 맡아 연주하는 것이다.

다양한 악기의 어우러짐

예를 들어 피아노 한 대로 연주하는 음악이든, 네 명으로 편성된 밴드의 음악이든 이를 오케스트라가 연주할 때는 편곡이라는 작업이 필요하다.

요리에서는 똑같은 소금으로 맛을 내더라도 다양한 방식을 사용한다. 소금 간을 할 때 단순히 소금만 뿌려 맛을 내거나, 간장을 함께 사용하거나, 아니면 생선이나 토마토를 사용해서 소금 간의 정도를 조절해 맛을 낸다. 마찬가지로 오케스트라에서도 다양한 리듬, 멜로디, 하모니를 여러 악기의 힘으로 표현해 내는 것이다.

단맛은 무엇으로 낼까? 양파를 볶아서 낼까? 호두나 나무열매를 짜서 낼까? 아니면 설탕을 넣을까? 맛술을 넣을까?

이러한 각각의 맛내기에 플루트나 오보에나 바이올린 등 다양한 악기를 어우러지게 하는 것이 오케스트라 편곡의 즐거움이기도 하다.

저음의 박력 있는 리듬을 내는 것은 베이스와 베이스 드럼의 역할. 이것을 오케스트라에서는 더블베이스라는, 사람 키보다 더 큰 악기가 담당하거나 또는 튜바라는 금관악기가 맡는 경우가 많다. 물론 리듬이나 비트를 강조하는 것은 더블베이스나 튜바의 역할이 아니다. 이는 팀파니를 비롯해 100가지, 200가지나 되는 타악기가 맡거나 호른, 트롬본, 파곳(바순) 등이 맡기도 한다.

단, 음악의 비트감이란 것은 저음으로만 만들어지는 것이 아니다. 밴드에서 기타가 오른손 스트로크로 자잘하게 만들어내는 비트나 그루브를, 오케스트라에서는 비올라, 첼로, 목관악기, 금관악기가 전체(기타와 같은) '리듬 만들기' 역할을 맡기도 한다. 이 점이 오케스트라 음악의 즐거움이다. 악기 하나가, 예를 들면 호른과 같은 악기는 저음 리듬 파트를 담당하기도 하고 기타처럼 비트를 만드는 역할도 하며 노래처럼 멜로디를 연주하는 경우도 있다.

요컨대 4~5명으로 구성된 밴드는 인원수가 적기 때문에 각자의 역할 분담을 분명히 한다. 그렇게 하지 않으면 멜로디를 맡은 사람, 리듬을 맡은 사람, 하모니를 맡은 사람 등 각자 맡은 역할이 모호해질 우려가 있기 때문이다. 반면 오케스트라처럼 악기 종류가 많고 연주자도 많은 경우에는 각 연주자가 유동적으로 때로는 멜로디, 때로는 하모니, 때로는 리듬을 맡아 연주할 수 있다. 이 점이 오케스트라 음악이 가진 매력 중 하나이며, 이를 이끌어내는 것이 바로 작곡가와 편곡자의 감각과 능력이다.

오케스트라 음악이 가진 또 하나의 매력으로 다양한 레퍼토리와 다양한 편곡의 변주를 들 수 있다. 이야말로 온 세계의 모든 요리를 한 레스토랑에서 먹을 수 있는 것에 비유할 수 있다. 오케스트라는 그 정도로 폭넓은 표현력과 다양성을 지니고 있다.

오케스트라의 악기 종류가 얼마나 많은지, 실제로 연주 가능한 레퍼토리가 얼마나 풍부한지에 대해서는 뒤에서 서술하기로 하고, 우선 오케스트라 연주회를 이면에서부터 들여다보려고 한다. 표를 구입해 연주회장에 가곤 하는 보통 사람은 잘 알 수 없는 오케스트라의 진짜 풍경을 이제부터 보게 될 것이다.

2장

오케스트라
연주회의 매력

오케스트라의 사령탑, 스테이지 매니저

연주회 당일 연주회장에서 가장 먼저 움직이기 시작하는 오케스트라 스태프는 누구일까? 바로 스테이지 매니저다.

나라에 따라, 지역에 따라 오케스트라의 조직은 다양하지만 대개 두 분야로 나눌 수 있다. 경영을 담당하는 이사회와, 실제 연주회나 녹음, 기타 연주 활동을 담당하는 실질적인 연주가와 스태프, 이렇게 둘로 나뉜다.

쉽게 말해 이사회는 두뇌, 연주가와 스태프는 실제로 작동하는 몸체와 같은 조직이다. 그 중에서도 스테이지 매니저나 라이브러리언, 인스펙터라는 왠지 익숙하지 않은 영어 명칭으로 불리는 스태프는 몸체가 제대로 작동할 수 있도록 움직이는 이른바 영양소와 같은 존재다. 우리의 신체 역시 뇌와 몸체에 음식물을 공급해 주지 않으면 비타민이나 미네랄 등의 영양분이 몸속을 돌지 못해 두뇌가 제 기능을 하지 못하고 신체도 움직일 수 없게 된다. 오케스트라 연주회가 무사히 진행될 수 있게 하는 것도, 그리고 우리가 음악을 듣고 감동을 받아 집으로 돌아갈 수 있게 하는 것도 모두 이들 스태프 덕분이라고 할 수 있다. 그 중에서도 누구보다 앞서 움직이고 단원들을 하나로 잇는, 행동력과 통솔력을 가진 존재가 바로 스테이지 매니저다.

연주회의 무대 구성

스테이지 매니저는 연주회 당일, 대체로 공연 시작 6시간 전에 연주회장에 도착한다. 밤에 열리는 수아레 콘서트든 낮에 열리는 마티네 콘서트든 이 스케줄에는 변함이 없다.

오케스트라 단원과 지휘자가 함께 본공연 직전에 하는 총연습은 적어도 공연 4시간 전에는 시작된다. 이 총연습은 두 시간 동안 진행된다(1분도 초과하지 않는다. 인스펙터라고 불리는 사람이 이 시간을 매우 엄격하게 체크하기 때문이다). 이후 식사 시간이 짧게 1시간 반에서 2시간은 필요하다.

만약 연주회가 저녁 7시에 시작된다면 총연습 시간보다 2시간 앞선 오후 1시에 스테이지 매니저와 그를 돕는 사람들이 현장에 도착한다. 스테이지 매니저의 일 중에서 가장 중요한 것은 콘서트홀을 오케스트라 연주자들이 안심하고 앉아서 연주할 수 있는 환경으로 만드는 일이다. 이것이 가장 중요하다. 즉 무대를 만들어야 하는 것이다.

연극의 경우 이 일은 무대감독이나 소품, 미술, 조명, 연출, 음악 등의 스태프가 각각 적재적소에서 일을 담당하는데, 오케스트라의 경우에는 이 일을 스테이지 매니저가 대부분 혼자서 담당한다. 다만 오페라 공연의 경우에는 무대감독이나 연출가, 그밖의 스태프가 별도로 있기 때문에 스테이지 매니저가 그런 일까지는 하지 않아도 된다.

오케스트라 연주회에서 무대 위에 미리 준비해야 하는 것은 오케스트라 연주 인원수만큼의 보면대와 악보, 의자, 지휘자용 단상, 관악기 연주자가 올라설 단(바이올린이나 첼로 등 현악기 연주자들은 무대 위 의자에 그대로 앉지만 관악기 연주자의 경우에는 좀 높은 위치에 있기 때문에 그들이 올라설 단이 필요하다), 그리고 타악기나 하프 등의 특수 악기도 잊어서는 안 된다.

오케스트라에서 연주에 사용할 악기는 연주자 각자가 직접 운반하는 것이 원칙. 그러나 더블베이스나 하프, 팀파니 등의 타악기는 연주자가 운반하기보다 전문 운송업자에게 부탁하거나 연주단이 독자적으로 이용하는 운전기사와 트럭으로 운반하는 경우가 많다. 이런 경우에 지정된 장소에 정확하게 악기를 배치하는 것도 스테이지 매니저의 중요한 일 중 하나다.

스테이지 매니저가 없다면

오케스트라 연주회에서는 모차르트나 바흐, 베토벤 등 18, 19세기의 음악만 프로그램으로 구성되는 것은 아니다. 바흐, 모차르트의 음악과 함께 스트라빈스키(1882~1971년)나 라벨(1875~1937년), 드뷔시(1862~1918년) 등 새로운 음악도 함께 연주된다. 바로크 음악이나 고전주의 음악을 연주할 때 스태프가 고심해야 하는 악기는 팀파니와 더블베이스 정도지만 스트라빈스키나 라벨, 말러(1860~1911년) 등이 연주 프로그램으로 등장할 경우에는 얘기가 달라진다. 곡이 작곡된 시대가 달라지면 사용되는 악기도 달라지기 때문이다. 하프는 몇 대 필요한지(한 대 이상 무대에 오르는 경우는 거의 없지만), 타악기는 어떤 종류가 필요한지, 피아노는 필요한지, 좀처럼 무대에 오르지 않는 특수 악기가 총보(總譜, score, 오케스트라 작품의 악보)에 있는지 등등 각각의 곡에 맞춰 준비해야 한다.

연예계에도 매니저라는 사람들이 있어서 사전 준비에서부터 음료수나 식사 준비, 꽃이나 차량, 대기실 관련 일, 그밖의 잡다한 일을 혼자서 처리하는 경우가 많다. 오케스트라의 스테이지 매니저도 이에 가깝다. 단원이나 지휘자에게는 당연하게 느껴지는 존재지만 관객은 스테이지 매니저의 존재를 전혀 의식하지 못한다. 본래 스태프는 그런 존재라고 말한다면 더 할 말은 없지만, 스테이지 매니저라는 존재가 있음으로 해서 우리는 오케스트라 연주회를 기분 좋게 즐길 수 있는 것이다.

이제부터 콘서트홀에 갈 때 백 스테이지에서 바쁘게 움직이고 있는 스테이지 매니저를 상상해 보는 것은 어떨까? 사실 그들은 우리 청중 눈앞에 종종 그 모습을 드러내 보이기도 한다. 곡과 곡 사이에 의자를 나르기도 하고 지휘자의 보면대에 총보를 가져다 놓기도 하며 의자 배열을 바꾸기도 하면서 우리 눈에 띄는 경우가 꽤 많다. 하지만 청중 대부분은 이렇게 움직이는 그들의 모습을 무시할 것이다.

그럼 연주회가 시작되면 스테이지 매니저와 스태프들은 무엇을 할까? 백 스테이지의 왼쪽이나 오른쪽 무대 뒤에서 다음 곡 준비에 대해 생각하거나 스테이지에 오르지 않은 단원과 이야기를 나누고 있을 것이다.

악보를 준비하는 라이브러리언

그러면 오케스트라 단원들이 사용하는 악보는 어디에서 가져오는 걸까? 물론 개개인이 집에서 가져오는 것이 아니다. 오케스트라 스태프로서 상근하면서 일을 하는 라이브러리언(librarian)이 각 연주회나 일의 내용에 따라 악보를 그때그때 준비해 준다. 베토벤의 〈운명〉이라면 〈운명〉의 악보를, 라벨의 〈볼레로〉라면 〈볼레로〉의 악보를, 편성에 따라 필요한 파트 전부를 필요한 수만큼 준비하여 단원에게 보내는 것이 바로 라이브러리언의 역할이다.

여기서 "편성에 따라 필요한 파트 전부를 필요한 수만큼"이라고 표현했는데, 그렇다면 이것이 도대체 어느 정도의 수인지 상상할 수 있겠는가? 예를 들면 제1바이올린 파트 악보는 6명분, 제2바이올린 악보는 4명분, 첼로는 3명분, 플루트는······ 하는 식으로 각각의 악곡에 필요한 파트의 악보(게다가 각 파트마다 악보 장수가 다르다)를 준비하는 일은 언뜻 간단한 작업처럼 보이지만 의외로 만만치 않다. 오케스트라 음악 작품은 어느 것 하나 똑같은 악기 편성을 하는 작품이 없기 때문이다. 각각의 악곡에 따라 각각의 악기에 필요한 악보(악곡에 따라 파트의 인원수는 각각 다르다)는 인원수가 다른 만큼 그 분량의 장수가 필요하다. 이를 관리해야 하는 라이브러리언의 일은 옆에서 보는 것보다 훨씬 복잡하다.

여담인데, 악보라는 것은 모두 종이로 되어 있다. 종이는 장수가 많아질수록 부피가 커지고 무거워진다는 사실을 잘 알 것이다. 이런 종이로 된 악보를 100명 가까운 인원수만큼, 게다가 몇 곡이나 되는 곡을 정리해 운반하려면 모아서 이를 상자에 담아야 하는 과정이 필요하다. 라이브러리언으로 일하는 사람 중에는 여성이 많은데, 이처럼 무거운 악보를 나르는 일은 상당히 힘들어서, 내 일은 아니지만 늘 걱정이 된다.

악보와 관련해서 손이 많이 가는 일이 하나 더 있다. 새로운 대중악곡이나 영화음악, 뮤지컬 음악, 혹은 현대음악 등 저작권 사용료를 내야 하는 작품에 대한 고려도 잊지 않아야 한다는 것이다. 물론 라이브러리언이 저작권 사용료를 지불하는 것은 아니지만, 이 작품을 공연하면 얼마의 사용료가 필요한지, 악보는 구입하는 쪽이 나은지 빌리는 쪽이 나은지 등의 세세한 계산까지 라이브러리언의 머릿속에 정리되어 있어야 신속하게 일을 처리할 수 있다(모차르트 등 오래된 곡은 저작권자 사후 50년이라는 저작권 유효기간이 지나서 사용료는 발생하지 않는다).

악보라는 레시피를 이용하여 얼마나 맛있는 요리를 만들 수 있을지가 관건인 오케스트라에게 악보는 절대적으로 필요한 물건이다. 라이브러리언의 역할은 결코 작지 않다.

인스펙터의 역할

앞에서 말한 인스펙터(inspector)라는 신비로운 이름의 스태프. 이 역시 정의내리기 애매한 직종으로, 이를 직업이라고 불러도 될지 모르겠다.

오케스트라의 스테이지 매니저는 어엿한 직업의 명칭. 아마 같은 일에 종사하는 사람이 매우 적은 특수 업종 중 하나일 것이다. 스테이지 매니저는 하나의 오케스트라에 2명 정도밖에 필요하지 않기 때문이다.

그러면 이 인스펙터라는 직업을 가진 사람은 얼마나 될까?

분명히 말하지만, 사실 '프로 인스펙터'라고 할 만한 사람은 한 사람도 없다. 아니, 어떤 의미에서 이 일은 프로가 할 필요가 전혀 없다는 뜻이기도 하다.

오케스트라 인스펙터는 리허설이 정해진 시간대로 제대로 진행되는지를 살피는 관리자와 같은 존재다. 기본적으로 리허설을 책임지는 것은 지휘자의 일이다. 분명 그렇다. 그러나 지휘자라도 오케스트라를 마음 내키는 대로 사용할 수는 없다. 예를 들면 두 시간으로 정해진 리허설 메뉴가 어떻게 진행될지는 이미 나와 있다. 곡 해석이 이렇다 저렇다라든가, 단원에게 이런저런 지시를 내리는 것은 지휘자다. 그러나 리허설 도중에 단원들이 제대로 휴식을 취할 수 있도록 하는 것은 바로 인스펙터의 일이다. 마치 조합의 대표와 같은 역할이기도 하다. 인스펙터는 시간 관리뿐만 아니라 오케스트라 단원에게 보내는 메시지나 지휘자에게 보내는 메시지도 전달해야 한다.

그런 일은 스테이지 매니저가 하면 되지 않느냐고? 그러나 스테이지 매니저는 매니저대로 매우 바쁜 스케줄을 소화하고 있어서, 지휘자와 단원 간의 윤활유 역할을 하는 이 인스펙터의 일은 때로 단원에게 맡기는 경우가 많다. 그렇기 때문에 인스펙터는 독립된 직업이라기보다 프로 오케스트라의 경우 단원이 인스펙터 역할을 겸하는 경우가 매우 많다고 할 수 있다.

예전처럼 카리스마 있는 지휘자가 독선적인 권력을 자랑하던 시절에는 지휘자와 단원 사이에 충돌이 잦았다. 그러나 지금은 새로운 단원의 오디션도 단원 전체가 투표로 정하는 경우가 많아(최종적으로는 그 악기의 섹션 멤버들의 투표로 정한다), 오케스트라 운영은 매우 민주적으로 이루어지고 있다. 따라서 인스펙터라는 존재는 지휘자와 오케스트라 단원 사이를 원활하게 조절하는 사람이라고 보면 이해하는 데 무리가 없을 것이다.

드레스 리허설

스테이지 매니저와 같은 스태프가 열심히 만든 스테이지에 오케스트라 단원들이 삼삼오오 모이면 정각에 총연습, 즉 드레스 리허설이 시작된다. 먼저 인스펙터 중 한 사람이 단원 전원에게 오늘 스테이지는 이러저러하다, 그러니 이렇게 해주기 바란다 등등의 주의 사항을 짧게 전한다. 여기서 시간을 많이 허비하면 중요한 리허설 시간이 짧아지므로 인스펙터의 말은 매우 간결하고 짧다. 과연 단원들이 다 이해할지 의문이 생길 정도로 빠르게 말하지만, 이 역시 그의 역할이다. 인스펙터의 말이 끝나자마자 지휘자가 단상에 모습을 드러낸다. 그리고 순간 지휘자가 지휘봉을 휘저으며 총연습이 시작된다.

일반인은 보통 이 리허설을 듣지 못한다. 그러나 구미 지역의 오케스트라, 특히 미국이나 캐나다의 오케스트라는 이 드레스 리허설도 일반에게 공개하여 형편상 본공연에 올 수 없는 사람, 혹은 학생처럼 입장권을 쉽게 구입하기 어려운 사람, 혹은 리허설을 보고 싶어하는 사람에게 저렴한 가격으로 공연을 볼 수 있도록 하고 있다. 일본에서도 극히 일부 오케스트라에서는 드레스 리허설을 공개하고 있으나 그리 일반적이지는 않다.

예를 들면 미국 뉴욕 필하모니 교향악단의 일반 입장료는 60달러에서 120달러 정도로 꽤 비싸다. 그러나 드레스 리허설은 10달러에서 15달러 정도면 볼 수 있다. 아무리 연습 공연이지만 오케스트라의 리허설은 본공연과 거의 다르지 않은 연주를 보여주는 경우가 많다.

프로 오케스트라 리허설은 한곡 한곡에 그다지 시간을 할애하지 않는다. 극단적인 표현을 빌리면, 정기 공연의 리허설 외에는 한 번쯤 훑고 곧장 본공연으로 들어가는 경우도 많다. 그게 가능한 이유는, 클래식의 악곡은 모두 악보에 작곡가의 지시가 적혀 있어서 각 악기의 연주자들이 악보에 충실한 음을 내기만 하면 연습 한번 없이 본공연 무대에 서는 일도 가능하기 때문이다. 물론 이를 가능하게 하는 연주 실력을 갖춘 연주자여야 프로 오케스트라에서 활약할 수 있으니까.

총연습 종료에서 본공연으로

총연습이 끝나면 이젠 본공연으로 들어간다. 본공연 2시간에서 1시간 반 전에 리허설을 마친 단원들은 식사를 하러 가거나 연습을 하거나 담소를 나누거나 명상을 하거나 각자 자기 나름의 방법으로 시간을 보낸다.

본공연 전 몇십 분 동안 이런저런 갖가지 일을 준비하고 점검하는 일은 스테이지 매니저와 라이브러리언 등 스태프들의 몫이다. 본공연 중 악기를 무대 위로 올리거나 무대 위에서 내리거나(연주곡에 따라 사용하는 악기가 다르고, 특히 피아노 연주곡이 프로그램에 있는 경우에 피아노 이동은 큰 작업이기도 하다), 의자를 올리거나 빼는 일(곡이 바뀌면 편성도 바뀌므로 의자의 배치도 바꾸어야 한다) 등을 진행한다. 그리고 지휘자의 대기실에 신경을 쓰고, 솔리스트(독주자)의 대기실에도 신경을 쓰며, 본공연 뒤에 들어올 꽃다발이나 대기실을 방문하는 관계자에도 신경을 써야 하고, 취재 인터뷰가 있으면 그에 대한 대응도 해야 한다. 이처럼 스테이지 매니저는 셀 수 없이 많은 갖가지 일에 신경써야 한다.

이와 같은 노고를 모르는(어쩌면 이에 대해 생각할 필요도 없는지 모르지만) 청중은 공연 시간 1시간 정도 전부터 연주회장에 하나둘 도착한다. 그리고 이제부터 오케스트라 연주회만이 가진 독특하고 긴장감 있는 분위기가 감돌기 시작한다.

스테이지 세팅

연극이든 무용이든 음악회든 공연장에서 진행되는 퍼포먼스는 각각 특별하다면 특별한 점을 가지고 있지만, 특히 오케스트라 연주회에 감도는 독특한 분위기는 스테이지 매니저와 같은 스태프들이 만들어내는 스테이지 세팅에 있다.

아무도 없는 스테이지 위에 100석 정도의 의자만이 정연하게 자리해 있다. 이것이 피아노 독주회라면 피아노만이 그 자리를 차지하고 있을 것이며, 연극이라면 막이 내려와 있어 무대 안을 볼 수 없을 것이다. 팝 콘서트라면 드럼이나 앰프, 키보드 등이 협소한 공간을 차지하고 있겠지만, 커다란 무대에 밝은 조명(오케스트라의 무대 조명은 공연 전이라도 밝게 유지된다)과 의자만이 정연하게 열을 지어 있는, 적막마저 감도는 무대 분위기는 다른 무대에서는 찾아볼 수 없다. 객석에서 이런 무대를 바라보는 청중은 잠시 뒤에 이 의자들을 하나하나 채울 연주자들의 모습을 상상하거나 연주될 음악을 그려 보면서 공연 시작을 기다린다.

모두가 나를 보고 있다?

한편 무대에서 연주할 연주자들에게도 연주회장은 독특한 곳이다. 오케스트라 연주회가 열리는 연주회장이라는 곳은 기본적으로 커다란 홀이다. 대부분 1,000석 이상의 규모를 갖췄으며, 더 큰 규모의 콘서트홀의 경우 3,000석, 4,000석까지 갖춘 곳도 있다.

독주회나 라이브 공연이 열리는 콘서트홀은 몇백 명 정도가 들어갈 수 있는 규모의 것이 많다. 물론 이곳을 찾는 관객들은 솔리스트 한 사람을 보기 위해 온다. 그러나 바이올리니스트 한 사람, 클라리넷 주자 한 사람을 보러 오는 것이 아닌 오케스트라 연주회의 경우에도 무대 위 연주자의 시선으로 보았을 때에는 모두 '나 한 사람'을 보고 있다는 느낌을 갖는다. 작은 콘서트홀에 온 몇백 명 관객의 눈이든, 대규모 콘서트홀에 온 몇천 명 관객의 눈이든. 이러한 착각 (관객의 시선이 자기 한 사람만을 향해 있다고 느끼는 것은 누가 봐도 착각이지만)이 오케스트라 연주자들을 독특한 긴장감으로 이끄는 포인트다.

관객 역시 대규모 연주회장이 청중으로 가득 들어차면 긴장감이 상승한다.

우리 일반인이 몇천 명 규모의 홀을 찾는 일은 평생을 살면서 손가락에 꼽을 정도일 것이다. 오케스트라 연주회는 그 정도로 규모가 큰 장소에서 열린다. 오케스트라라는 말의 유래가 '고대 그리스 비극을 상연하던 극장의 한 공간'이었다는 이야기도 왠지 '아, 그래서 그렇구나' 이해가 된다.

한편 무대 뒤쪽에서 무대에 오를 순서를 기다리던 단원들은 "시간 됐습니다"라는 스테이지 매니저의 한마디에 무대 왼쪽과 오른쪽에서 나와 차례차례 무대에 오른다. 이와 동시에 연주회장은 첫 박수 소리로 가득 차고, 단원들은 자신의 자리에 앉아 악기 튜닝 신호를 기다린다.

튜닝, 혼돈된 울림의 순간

오케스트라 연주회의 독특한 분위기를 만드는 요소 하나가 바로 악기 튜닝이라는 의식이다.

튜닝이란, 말 그대로 오케스트라에서 연주할 악기들의 음정을 조절하는 것을 말한다. 이 작업을 거치지 않으면 오케스트라의 음이 왠지 깨끗하지 않아 듣기에 거북한 음을 내기 때문이다.

1813년에 베토벤의 교향곡 제7번이 연주되었을 때 이에 대해 당시《종합 음악신문》에 이런 비평이 실렸다.

"관악기(플루트, 클라리넷, 파곳)의 음정이 듣기 거북할 정도로 불협화음이었던 것은 각 악기가 한 제작소에서 만든 것이 아닌 데에 원인이 있다."

이 신문은 같은 메이커의 악기가 아니어서 음정이 다듬어지지 않았다며 혹평을 했는데, 여기서 말하는 같은 메이커의 악기가 아니라는 것은 현대보다 훨씬 더 심각한 문제를 내포한다. 즉 베토벤이나 모차르트 시대의 악기는 제작자가 다르면 거의 다른 종류의 악기라고 할 정도로 규격이 제각각이었다. 현대에는 플루트라는 같은 종류의 악기를 만들 때 A라는 메이커와 B라는 메이커가 전혀 다른 음정으로 제작하는 일은 없다. 그러나 당시에는 통일된 규격을 가진 악기는 바이올린과 같은 현악기뿐이었다. 여기 19세기 신문에서 지적한 플루트나 클라리넷, 파곳의 음정이 다르다는 것은 당시로서는 당연한 일이었다.

더욱이 이 시대의 극장 조명은 현대와 같은 전구가 아니다. 촛불이나 송진을 사용한 등잔이 대부분. 따라서 연주하는 동안에 불꽃의 열기로 악기의 음정이 점점 변하고 만다.

현대에도 피할 수 없는 비슷한 문제가 있다. 촛불만큼은 아니지만 스테이지의 조명이나 객석의 열기로 악기의 음정이 변하는 일이 일어나기도 한다. 일반적으로 관악기는 금속으로 되어 있어서 온도가 상승하면 관의 온도도 상승하여 음정이 높아지는 반면, 현악기는 오히려 열기로 현이 풀려 음정이 내려가는 경향이 있다. 그래서 처음에 튜닝을 해놓았다고 해서 그것이 마지막까지 같은 음정을 유지한다는 보장이 없다.

어쨌든 본격적으로 연주에 들어가기 전의 튜닝 작업은 연주자들에게도 확인 작업으로서 중요한 과정이며, 무엇보다 청중은 이 튜닝 순간을 즐길 수 있다. 이때의 혼돈된 울림이야말로 다른 음악회에는 없는, 오직 오케스트라 연주회에서만 볼 수 있는 독특한 순간이다.

신비로운 A음

생각해 보면, 이 튜닝이라는 작업은 본래 무대에 오르기 전에 무대 뒤에서 마쳐야 할 과정인지도 모른다. 그런데 이를 관객 앞에서 진행하는 것 자체도 역시 연주회 프로그램의 일부로 보아야 할 것이다. 이 튜닝이 시작되는 시점부터 객석은 한순간에 고요해진다. 청중의 마음속에 어떤 긴장과 기대가 치솟듯 고조되는 순간이기도 하기 때문이다.

아직 무대에서 지휘자의 모습은 찾을 수 없다. 이 튜닝 지시를 내리는 사람은 지휘자가 아니라 콘서트마스터로 불리는 제1바이올린 수석 주자이다. 콘서트마스터가 무대 위 단원들의 중앙에 앉아 있는 오보에 연주자에게 눈으로 혹은 바이올린 활로 "자, 튜닝을 위해 A(라)음을 내주세요"라는 지시를 한다. 말이 아닌 사인만으로 콘서트마스터와 오보에 연주자 사이에 소통이 이루어진다.

그리고 오보에 연주자가 천천히 A음(피아노 건반의 한가운데 도 위에 있는 라 음. 오선보에서도 거의 한가운데에 위치한다)을 낸다. 이 A음의 높이는 참으로 신비롭다. 일반적으로 알려진 경우는 텔레비전이나 라디오에서 사용하는 시보(時報) 음이지만, 이뿐만 아니라 인간의 생활 속에서도 기준의 역할을 하는 음이기도 하다.

사람은 어떤 인종이든 남녀 구별 없이 이 A음의 높이로 "응애!" 하면서 태어난다는 설을 주장한 학자도 있다. 이처럼 A음은 인간에게 가장 기본적인 음이다. 인간이 소리를 들을 수 있는 범위는 20헤르츠에서 2만 헤르츠라고 하는데, 이 A음의 진동수는 440~445헤르츠(국가에 따라, 오케스트라에 따라 이 기준은 다르다)다. 인간이 보통 일상생활에서 발하는 소리의 진동수는 대략 100에서 1,000헤르츠이므로, A음은 대체로 그 중간 정도다. 과연 중심이 되는 음이라고 해도 지나치지 않다.

오케스트라 연주회는 언제 어디서든 바로 이 신비로운 A음에서 시작된다.

지휘자의 등장

튜닝을 통해 처음 음을 맞추는 악기는 관악기(목관악기가 먼저 맞추고 이어서 금관악기가 음을 맞춘다). 이어서 현악기 그리고 타악기가 그 뒤를 잇는다. 타악기는 음을 맞출 필요가 없을 듯 보이지만 팀파니 연주자는 커다란 팀파니의 가죽 부분을 가볍게 두드리고 페달을 밟

아보면서 튜닝을 한다(팀파니의 페달은 음을 바꾸기 위해 있다). 오케스트라의 모든 악기 튜닝이 끝나면 지휘자가 등장할 차례다. 단원들도 청중도 모두 숨죽이며 지휘자의 등장을 기다린다.

이처럼 모든 기대를 한몸에 받으며 지휘자가 무대 왼쪽에서 등장하면 장내는 다시 커다란 박수 소리에 휩싸인다(유럽에서는 오른쪽에서 등장하는 경우도 종종 있다). 마침내 연주회의 막이 오른다.

지휘자, 청중의 대변자

지휘자는 실로 신비한 존재로, 스테이지에 오른 인물 가운데 유일하게 음을 내지 않는 사람이다. 그럼에도 불구하고 이 사람의 리드로 모든 음악이 진행된다. 그리고 스테이지에서 유일하게 청중에게 등을 보이는(스테이지 뒤편에 객석이 있는 콘서트홀도 있으므로 모든 경우가 그런 것은 아니지만) 사람이기도 하다. 음악 공연에서든 무용 공연에서든 연극 공연에서든 청중에게 공연 처음부터 마지막까지 등을 보이는 사람은 없을 것이다. 그런 인물이 무대의 모든 것을 이끄는 것이다. 신비롭다는 말 외에 어떤 표현이 가능하겠는가?

이 지휘자라는 존재는 이렇게 한번 생각해 보면 이해가 쉽지 않을까? 지휘자는 우리 청중 대신에 무대와 음악을 컨트롤 해주는 '청중의 대변자'라고.

연극에서 대사를 하면서 연기를 하는 존재는 배우들, 춤을 추는 존재는 무용가들, 음악회에서 악기를 연주하는 존재는 연주가들이다. 그런데 우리가 A라는 연극을 보러 가는 것도, B라는 무용가의 춤을 보러 가는 것도, C라는 연주가의 연주를 들으러 가는 것도 모두 우리의 취향에 맞기 때문이다. 이 배우는 분명 내가 좋아하는 연기를 보여줄 것이다. 이 무용가는 분명 내가 좋아하는 멋진 춤을 보여줄 것이다. 이 연주가는 분명 내가 좋아하는 연주를 들려줄 것이다. 이런 기대감을 갖고 공연을 보러 가는 것이다.

연극 무대도 연출가나 미술가, 안무가 그리고 여러 스태프가 함께 참여해 만든다는 사실을 우리는 알고 있다. 무용 역시 무용가 한 사람이 그 무대를 만드는 것이 아니다. 그런데 오케스트라 연주회에서는 100명이나 되는 음악가들의 음과 퍼포먼스 전체를 컨트롤하는 사람이 우리 눈앞에서 우리에게 등을 보이며 열심히 지휘봉을 휘두른다. 그는 연출가들이 미리 정해놓은 대로 움직이는 것이 아니라 분명 지금 이곳에서 우리의 의지를 대변해 주는 존재다.

이런 시각으로 지휘자를 바라보면 오케스트라 연주회도 지금까지와는 전혀 다른 시각으로 바라볼 수 있을 것이다.

그리고 망상의 대변자

오케스트라 연주회에서 지휘자는 우리 '청중의 대변자'일 뿐만 아니라 우리의 '망상의 대변자'이기도 하다.

우리 인간은 늘 매일같이 무언가를 기대하고 무언가를 머릿속에 그리고 무언가 결단을 내리면서 살아간다. 아침에 일어나 "오늘은 어떤 재미있는 일이 기다리고 있을까?" 하는 기대에 가슴 벅차하는 사람도 있을 것이며, "오늘은 하기 싫은 일이 있어 정말 우울하다" 하며 괴로워하는 사람도 있을 것이다. 그리고 허기가 느껴지면 "맛있는 것 좀 먹고 싶다" 하며 음식을 상상하고, 그 음식을 실제로 먹게 되면 "와, 정말 잘 먹었다. 죽어도 여한 없네"라고 느낄 정도로 행복감을 맛보기도 한다.

　매일 절망감만 느낀다면 인간은 살아갈 수 없다. 우리는 늘 '행복'을 바라며 살아간다. 그래서인지 구체적으로 행복감을 느끼게 해주는 것이 있으면 그에 대한 기대와 망상이 끊임없이 부풀려진다. 친한 친구와 재미있는 얘기를 나누거나, 맛있는 음식을 먹거나, 좋아하는 음악을 듣거나, 다이어트에 성공했거나, 좋아하는 스포츠 선수가 멋지게 활약하는 모습을 볼 때마다 우리는 알 수 없는 행복감을 느끼는데, 여기에도 여지없이 우리의 기대와 망상이 크게 관여한다.

　친구들과 이야기를 나누면서도 우리는 머릿속에 이미지를 만들어 친구에게 그 이미지대로 말이나 몸동작으로 표현하며 안도하고 행복감을 느낄 수 있다. 음식과 같은 경우에는 이보다 더 분명하다. 우리는 매일 수차례 음식을 먹지만 구체적으로 무언가를 먹기 전에 맛이나 모양이나 색 등 자신이 먹고 싶은 음식을 이미지로 만들어낸다. 그 음식이 이미지의 기대대로 나온다면 '맛있다'는 말이 나오거나 무언의 만족감으로 가슴이 벅찰 것이다. 하지만 이 만족감은 혼자서 만들어낼 수 있는 것이 아니다. 이는 친구나 식사를 준비해 준

셰프, 어머니 등 다른 사람들이 있어 가능한 경우가 많다(물론 식사는 직접 본인이 준비할 수 있는 것이지만). 그리고 이는 스포츠의 경우 더욱 극명하게 드러난다. 좋아하는 야구팀이나 선수가, 좋아하는 축구팀이나 선수가, 혹은 프로레슬러가 자신의 이미지대로 경기 방식과 결과를 이끌어내면 분명 더할 나위 없는 만족감과 행복감을 느낀다. 이 역시 제3자가 만들어주는 '만족감'이자 '행복'이다.

이제 다시 지휘자 얘기로 돌아가 보자. 지휘자라는 존재, 앞에서 말한 친구나 셰프, 스포츠팀, 스포츠 선수와 어딘지 닮아 있지 않은가? 내가 듣고 싶은 음악, 나를 행복하게 해주는 음악, 그런 이미지를 대신해서 만들어주는 사람, 그런 존재가 지휘자가 아닐까?

만약 청중 자신에게 지휘자로서의 능력이 있다면, 자신이 직접 지휘봉을 잡고 자신이 생각하는 이미지의 음악을 만들고 싶을 것이다. "아니, 나는 음악에 대해 전혀 모르니까 그런 이미지조차 갖고 있지 않다"고 말하는 사람도 있을 것이다. 그러나 그렇게 말하는 사람이라도 음악이 자신의 마음을 충족시켜 주었으면 하는 바람은 갖고 있을 것이다. 그렇지 않다면 일부러 시간을 내서 연주회장까지 발걸음을 할 리가 없기 때문이다.

특별한 것을 먹고 싶은 것은 아니지만 뭔가 맛있는 것을 먹고 싶다는 마음에서 레스토랑이나 식당으로 발걸음을 옮기는 사람도 있다. 그리고 그때 기대한 대로 맛있는 것을 먹었다면, 아니면 기대에 조금 못 미쳤다 해도 만족감을 느꼈다면 인간은 그것으로 충분히 행복할 수 있다. 이렇게 보면 요리를 만드는 셰프와 지휘자는 정말 닮았다.

하나, 음악의 시작을 알린다

그럼 청중들의 기대와 망상(?)을 어깨에 걸머진 지휘자가 진짜 해야 할 일은 무엇일까?

크게 두 가지로 나누어 볼 수 있다. 하나는 음악의 시작을 알리는 역할. 이 일은 보기에 간단해 보이지만 사실 그리 간단한 일이 아니다.

음악의 시작을 알린다고 해도 어떤 템포로, 어떤 리듬으로 시작할지 이 모든 것을 지휘자가 지시해야 하는 것이다. 예를 들면 '출발!' 하고 외치며 유치원생들을 인솔하는 선생님이 걷기 시작을 알리더라도 그저 선생님이 걷기 시작했다는 것만으로 유치원생들은 각자 걸음을 떼놓기 시작하고 개중에는 뒤에 남겨지는 아이도 있을 수 있다. 선생님과 유치원생들 사이에 어떠한 형태로든 약속을 해놓지 않으면 제대로 첫걸음을 뗄 수 없다. 말로 설명해도 좋고 신호를 정해 신호와 함께 걸음을 떼어도 좋다. 이때 필요한 것이 지휘봉을 통한 커뮤니케이션이다.

지휘자와 오케스트라 단원은 연주 중에 말을 주고받을 수 없다. 그래서 지휘자가 손에 든 지휘봉의 역할은 매우 중요하다. 이 지휘봉이야말로 지휘자와 단원 사이의 커뮤니케이션을 위한 도구인 것이다. 여기에는 여러 약속이 담겨 있다.

물론 삼박자는 이렇게 지휘한다든가 사박자는 이렇게 지휘한다는 기본적인 약속이 있지만, 지휘자에 따라 지휘봉을 사용하는 방법은 기본적으로 다르다. 그러나 어느 지휘자라도 첫 음이 시작되는 지점이 지휘봉을 올렸다가 내리는 순간이라는 최소한의 약속은 다르지 않다. 이는 무엇보다 중요한 약속이다. 하지만 박자가 다르거나 곡의 템포가 다르거나 혹은 지휘자 각자의 버릇도 있어서 지휘봉을 올렸다가 내리는 방법은 아주 미묘하게 다를 수 있다. 지휘자와 단원이 '음악의 시작 지점'을 서로 확인하는 일이 보기에 간단해 보일지라도 의외로 어려운 일인 것이다.

오케스트라 단원 입장에서 지휘봉의 움직임이 "잘 보이지 않는다", "시작점(지휘봉을 올렸다가 내리는 포인트. 즉 첫 박자)을 잘 모르겠다"는 불만을 가질 수도 있지만, 한편 지휘자는 "모두 제대로 내 지휘봉의 움직임을 따라오고 있지 않다"는 불만을 갖는 경우도 있다. 요컨대 지휘자와 연주자 사이의 커뮤니케이션(때로는 '싸움')이 지휘봉을 통해 쉼 없이 오가고 있는 것이다. 게다가 지휘자는 자주 지휘봉을 잘못 휘두르기도 한다.

둘, 이미지를 전달한다

지휘자가 하는 중요한 일 중 또 하나는 바로 이미지를 전달하는 일이다. 이것은 지휘자의 가장 중요한 일이라고 할 수 있다.

프랑스어 '셰프 도르케스트르(chef d'orchestre)'라는 말은 지휘자의 역할을 아주 명확하게 표현한 말이다. 컨덕터(conductor), 디렉터(director), 지휘자라는 말은 역할에 대해 그리 명확한 표현이 아니지만, 셰프라는 말을 사용하면 "아, 요리를 하는 사람과 마찬가지구나"라고 이해할 수 있다. 요컨대 우리가 먹고 싶어하는 요리를 만들어주는 사람이 요리사(단원)이고, 그 요리의 완성된 이미지를 우리 대신 요리사에게 전달해 주는 사람이 셰프(지휘자)인 것이다.

지휘자라는 사람은 "관객이 앉아 있는 객석으로 우리가 듣고 싶어하는 음악을 가져다주는 사람"이라고 생각하면 될 듯싶다.

그런 만큼 지휘자에게는 음악의 이미지를 단원들에게 제대로 전달하여 그 음을 끌어내는 능력이 필요하다. 요리를 만드는 셰프에게는 야채와 고기, 조미료 등 모든 재료의 맛과, 이를 잘 섞었을 때 어떤 맛 또는 어떤 형태로 완성될지를 이미지로 그려낼 수 있는 능력이 필요한데, 지휘자 역시 모든 악기가 가진 음의 이미지, 이를 잘 섞었을 때 나올 음의 이미지, 그리고 바흐의 음악은 이렇고 말러의 음악은 이렇고 이 영화음악은 이렇고 등 모든 음악에 대한 이미지를 머릿속에서 만들어낼 수 있는 사람이어야 한다. 이와 같은 이미지 능력 없이는 지휘라는 업무를 수행할 수 없다.

프로그램의 중요성

그렇다면 이 역시 요리와 마찬가지로, 어떤 요리를 어떤 순서로 어떤 식으로 먹을 것인가 하는 코스 구성도 매우 중요하다. 그 구성

방법에 따라 요리를 먹은 사람의 만족감이나 행복감이 아주 달라지기 때문이다.

연주회의 프로그래밍은 오케스트라에게도, 그 연주를 듣는 청중에게도 매우 중요한 요소다. 연주회 프로그램도 오르되브르, 수프, 샐러드, 사이드 디시, 메인 디시, 디저트와 같은 요리의 흐름처럼 구성되어야 한다. 시작부터 갑자기 메인 디시가 나온다면 음식을 받아들이는 위가 깜짝 놀랄 것이며, 메인 디시가 없이 오르되브르만 나오는 식사라면 불만이 남을 것이기 때문이다.

그럼 이제 음악의 소재인 오케스트라 악기 하나하나, 그리고 오케스트라 음악이란 어떤 조미료로 어떤 스파이스로 맛을 내는지, 또한 실제로 어떤 음악 작품이 있는지 등등 오케스트라 음악을 만드는 방법의 비밀에 대해 밝혀보고자 한다.

3장

오케스트라에는 누가 있을까?

필요한 악기와 필요 없는 악기

오케스트라 연주회에 가면 입구에 프로그램이 나와 있는 책자가 준비되어 있다. 책자에는 대개 뒤쪽에 멤버 구성표가 실려 있는데, 오케스트라 단원의 이름이 악기별로 기재되어 있다.

제1바이올린, 제2바이올린, 비올라, 첼로, 더블베이스, 플루트, 오보에, 클라리넷, 파곳, 호른, 트럼펫, 트롬본, 팀파니 & 퍼커션, 하프 등.

그리고 여기에 튜바나 다른 특종 악기 등이 더해지는 경우도 있는데, 대체로 오케스트라 무대에 오르는 악기는 이와 같은 악기들이다.

"어? 의외로 악기 수가 적네?"라고 생각할지, "와, 그렇게나 악기가 많아?"라고 생각할지는 사람에 따라 다르다. 그런데 온 세계에 존재하는 몇백, 몇천 가지의 악기 종류에 비하면 이 정도의 악기를 가지고 그렇게 다양한 음악을 연주할 수 있다는 사실이 감탄스러울 정도로 그 악기 수와 종류는 적은 편이다.

오케스트라에는 가야금도 없고 색소폰도 없으며(가끔 사용될 때도 있다) 리코더도 피아노도 없다(피아노도 가끔 오케스트라 연주에서 활약할 때가 있다). 하물며 우드(아랍국에서 사용하는 발현악기. 아랍 음악의 중심을 이루는 악기다 - 옮긴이), 시타르(인도 북부의 발현악기 - 옮긴이), 얼후(중국의 현악기. 우리나라의 해금과 비슷하다 - 옮긴이)와 같은 민속악기 등이 들어갈 여지는 거의 없다(협주곡이라면 좀 다르지만). 그런데도 베토벤과 같은 장대한 심포니에서부터 드뷔시와 같은 이국적인 음악, 홀스트(1874~1934년)의 〈행성〉처럼 광대한 우주 공간을 느끼게 하는 사운드, 혹은 디즈니 영화와 같은 영화음악, 자연의 파도 소리나 바람 소리와 같은 효과음까지 아주 잘 표현할 수 있다는 사실에 놀라게 된다.

오케스트라에는 왜 이 정도의 악기만 무대에 오르는 걸까?

오케스트라의 탄생

중세 음유시인이 읊조리는 항간의 유행가와 종류는 다르지만 16세기부터 18세기에 걸쳐 음악이 가장 발전한 곳은 궁정과 교회였다. 그리고 오케스트라의 형태는 바로크 시대부터 점차 모양새를 갖추기 시작했다. 궁정에서 식탁의 음악, 즉 식사할 때 배경음악으로서 실내악을 연주하던 직업 음악가들(대부분 궁정에 고용된 음악가들)은 이처럼 좁은 장소에서 열리는 연주회에서 시작해 점차 넓은 장소로 그 활동 장소를 확대해 갔다. 이에 따라 연주자 규모 10명 이상 20명 안팎의 작은 오케스트라가 조직되었다.

이와 같은 오케스트라는 대개 바이올린과 첼로 등 현악기로 구성되었으며 그 중심에 쳄발로가 있었다. 이 쳄발로 연주자가 지휘자 역할을 겸하는 경우가 많았다. 이보다 좀더 큰 규모의 편성에도 관악기는 그리 많지 않았고(플루트의 전신인 '트라벨소'나 트럼펫 정도), 관악기의 역할을 오르간이 대신하는 스타일이 일반적이었다. 왜냐하면 오르간은 기본적으로 파이프에 풀무로 공기를 불어넣어 거기에서 소리가 나는 악기로, 그런 의미에서도 관악기와 그리 다르지 않은 음과 구조를 가진 악기였기 때문이다.

궁정 오케스트라 시대

이 시대(18세기) 유럽에는 우수한 오케스트라가 몇 있었는데, 그 중에서도 흥미로운 오케스트라는 요한 제바스티안 바흐의 아들인 엠마누엘 바흐(1714~1788년)와 유명한 플루트 연주자 크반츠(1697~1773년)가 활동한 계몽 전제군주 프리드리히 대왕(1712~1786년)의 궁정 오케스트라다. 이 오케스트라는 바흐나 크반츠라는 유명인이 활동했던 만큼 연주의 질은 정평이 나 있었으며, 단원들의 대우도 일반 오케스트라 단원에 비해 상당히 좋았던 것으로 보인다. 오케스트라 단원의 급료는 예전이나 지금이나 그다지 높은 편이 아니다. 더구나 이 시대 오케스트라 단원들의 사정은 지금보다 훨씬 어려운 편이었다.

왜냐하면 이 시대의 오케스트라 멤버는 두 종류의 연주가로 나뉘었는데, 이 두 종류의 연주가가 전혀 다른 역할과 전혀 다른 대우를 받으면서 고용되었기 때문이다. 그 중 하나가 솔로 연주자. 솔로 연주자는 말 그대로 솔로 파트를 연주하는 사람으로 말할 것도 없이 대우가 좋았다.

또 다른 하나가 리피에노(ripieno) 연주자로, 단원 전원이 함께 연주할 때 파트(유니즌 파트)를 맡아 연주했다. 이 연주자들은 보수가 적었지만 실제로는 훨씬 힘겨운 여건에서 일을 한 셈이었다. 왜냐하면 솔로 연주자는 보면대 앞에 촛불을 두 개 켤 수 있었지만 리피에노 연주자는 한 개만 켤 수 있었다. 솔로 연주자는 사전에 악보를 받아 연습할 수 있었지만 리피에노 연주자는 언제나 현장에서 악보를 받아 그 자리에서 연주해야 했다.

이는 참으로 불공평한 일이다. 그러나 이러한 불공평한 대우에 대해 한탄을 해도 어찌해 볼 방법이 없었다. 유럽의 사회 구조 자체가 계급사회여서 불공평한 일은 예나 지금이나 당연한 일로 받아들여졌다. 이와 같은 궁정 음악가들은 말하자면 공무원과 같은 존재였으므로 이러한 처우도 당연하게 받아들였을 것이다.

이 시대의 유명한 오케스트라를 또 하나 들자면 하이든이 활약한 헝가리의 최대 귀족 에스테르하지 공작의 궁정 오케스트라다. 이 오케스트라는 하이든을 위해 조직된 오케스트라로, 말하자면 개인 소유의 오케스트라인 셈이다. 음악 교과서에 '교향곡의 아버지'로 나와 있는 하이든이라는 작곡가는 교향곡을 특히 많이 작곡했지만 (제104번 교향곡까지 있는데 실제로 작곡한 교향곡은 108개라고 한다), 교향곡만 작곡한 것은 아니다. 그는 자신을 고용해 준 에스테르하지 공작을 위해 모든 종류의 음악을 작곡해야 했다. 여하튼 하이든은 에스테르하지 공작의 고용 작곡가였기 때문이다.

이 시대 오케스트라의 악기 편성은 바이올린이 십여 명, 첼로와 더블베이스 몇 명씩 그리고 플루트, 오보에, 클라리넷, 호른 등이 몇 명씩으로, 이것이 가장 일반적인 편성이었다.

음악의 역사라는 것은 어느 나라든 어느 지역이든 악기의 성능과 밀접한 관련이 있다. 대개 바로크 시대의 오케스트라에 트럼펫이나 클라리넷이 편성에 포함되지 않았던 것은 그 무렵 큰 소리를 내는 음이 그다지 필요하지 않았기 때문이다. 작은 방에서 음악을 들을 때에는 큰 소리를 내는 악기가 오히려 다른 악기의 음을 잠식하여 방해가 될 뿐이다. 쳄발로라는 악기는 아무리 큰 소리를 내도 트럼펫의 음량을 넘어설 수 없다. 따라서 쳄발로가 오케스트라 편성에 들어가 있는 한, 대부분의 관악기는 그 편성에 이름을 올리지 못했다(그러므로 오르간이 관악기 역할을 대신했던 것이다).

그런데 모차르트 시대에 갑자기 획기적인 오케스트라가 등장한다. 바로 만하임 오케스트라다.

획기적인 만하임 오케스트라

만하임은 독일 남서부에 위치한 도시의 이름이다. 만하임 오케스트라가 왜 획기적이었느냐 하면, 연주하는 소리가 매우 다이내믹할 뿐만 아니라 음의 강약은 물론이고 당시까지 듣던 음악에는 거의 사용하지 않던 크레셴도(음을 점점 세고 크게 연주)나 데크레셴도(음을 점점 여리고 작게 연주)가 오케스트라 전체에 선명하게 표현되었기 때문이다.

현대 오케스트라 기준에서 보면 음악이 점점 커지거나 점점 작아지거나, 갑자기 커지거나 작아지는 것은 당연한 연주법이지만 당시에는 그렇지 않았다. 당시까지는 음의 강약도 거의 붙이지 않는 쳄발로가 오케스트라의 중심에 있었으며, 솔로 연주자는 지휘자를 무시하면서 마음대로 솔로를 연주했고, 리피에노 연주자는 단원 전원이 같은 음을 내는지에만 급급한 상황이었다. 이는 당시 오케스트라의 극히 일반적인 양상이었다. 그런데 훌륭한 연주자들로만 구성된 만하임 오케스트라 멤버의 일사불란한 연주는 당시 사람들에게 놀라움을 안겨주었다.

모차르트가 스물한 살 때, 아버지 레오폴드에게 보낸 편지(1777년 11월 4일)에 다음과 같은 내용이 있다.

"이 편지는 만하임에서 보내는 두 번째 편지입니다. (……) 이제 이 지역의 음악에 대해 말씀드리고 싶어요. 토요일 만성절에 있었던 성당의 장엄한 미사에 참석했습니다. 오케스트라는 매우 훌륭했고 연주자 수도 많았습니다. 양쪽에 바이올린이 10명 내지 11명, 비올라가 4명, 오보에가 2명, 플루트가 2명, 클라리넷이 2명, 호른이 2명, 첼로가 4명, 파곳이 4명, 더블베이스가 4명, 게다가 트럼펫과 팀파니가 있었습니다. 이러한 구성으로 아름다운 음악을 연주했습니다."

여행을 이어가던 모차르트는 가는 곳마다 듣기 괴로울 정도로 연주를 하는 오케스트라의 음악을 듣고 그 음악에 대해 탄식하곤 했음이 다른 편지에도 잘 나타나 있는데, 만하임 오케스트라의 음악을 듣고 비로소 "이제야 아름다운 음악을 들을 수 있었다"고 기뻐하며 아버지에게 편지로 알렸다.

만하임 오케스트라를 위해 곡을 만든 작곡가는 요한 슈타미츠와 요한 크리스티안 칸나비히 두 사람과 슈타미츠의 아들들(카를과 안톤)이다. 그리고 만하임 오케스트라에는 오보에의 명연주가 루트비히 아우구스트 르브랑, 호른의 명연주가 프란츠 안돈 니브라 등이 있었다. 만하임 오케스트라는 당시 유럽 최고의 오케스트라(세계 최고의 오케스트라라는 말이기도 하다)였으며, 이 오케스트라가 현대 오케스트라의 원형이라고 해도 지나친 말이 아니다.

여전히 남는 의문

오케스트라가 18세기 무렵부터 갑자기 다이내믹한 표현을 하기 시작했다는 사실은 잘 알게 되었는데, 그러면 왜 지금까지 이 시대의 악기 편성이 그대로 이어졌으며 색소폰이나 피아노, 얼후, 시타르 등의 특수한 악기는 편성에 들어가지 못했을까 하는 의문이 여전히 남는다.

바로크 시대부터 베토벤이나 슈베르트, 브람스 등 고전주의, 낭만주의 시대에 들어서서 음악의 강약이나 자유로운 표현이 요구되었다면 더욱 자유롭게 여러 악기를 도입해 편성하는 것이 더 좋지 않았을까?

이것도 큰 의문이기는 하지만, 그렇게 하고 싶어도 하지 못한 이유는 단순히 18세기부터 19세기 초반에 새로운 악기가 발명되지 않았다는 점과 이 시대 유럽 여러 국가의 식민지주의가 영향을 미쳤기 때문일 것이다.

18세기부터 19세기의 유럽 열강은 온 세계를 식민지화하여 여러 민족의 악기를 손에 넣고 다양한 민속음악을 듣기도 했다. 그러나 이와 같은 민속악기는 유럽 국가들의 눈에 모두 수준이 떨어지는 문화나 악기로만 보였으며, 오히려 자신들의 음악을 식민지에 강요할 생각으로 가득했다.

더구나 민속악기를 오케스트라 편성에 도입하려 해도 튜닝이 불가능한 경우가 많았다(12평균율을 바탕으로 한 튜닝 시스템을 기본으로 하는 서양 음악의 음계가 국가에 따라 다른 음계의 민속악기와 공손하는 일은 불가능하다). 따라서 오케스트라에 민속악기가 들어올 틈은 거의 없었다는 것을 알 수 있다.

그러나 산업혁명 이후 상황이 급변했다. 금이나 은, 청, 동, 놋쇠 등의 금속으로 악기를 제작할 수 있게 되자 악기 제조 기술이 비약적으로 발전했다. 이에 따라 악기가 개량되거나 새로운 악기가 발명되었으며, 작곡가들은 대부분 새로운 악기를 총보에 추가 편성했다.

예를 들면 19세기 중엽에 발명된 악기인 색소폰을 즐겨 사용한 프랑스의 작곡가들, 특히 비제(1838~1875년)는 색소폰을 오케스트라 음악에 교묘하게 사용한 일화로 유명하다. 옹드 마르트노(Ondes Martenot)라는 전자악기로 오케스트라 작품을 만든 사람도 메시앙(1908~1992년)이라는 프랑스 작곡가다. 프랑스인은 음악과 관련해서는 혁신적인 활약을 많이 보여주었다. 하지만 여전히 오케스트라 멤버 중에 색소폰 연주자가 없었다는 것은(연주회에서 필요할 때만 고용했다) 아직 색소폰을 사용하는 곡이 적었기 때문이며, 또한 클래식 음악의 레퍼토리 대부분을 바로크, 고전주의, 낭만주의 시대의 이달리아나 독일의 클래식 음악이 차지했기 때문이기도 하다.

어쩌면 지금까지의 보편적인 오케스트라 음악 작품 자체가 사라지지 않는 한(이것이 줄어들 리는 없을 것이므로), 이와 같은 상황은 앞으로 수십 년이 지나도 크게 바뀌지 않을 것이다.

악기의 배치와 총보

어떤 오케스트라든 객석에서 무대 위의 오케스트라를 바라보면 왼쪽 아래에 제1바이올린 팀이 보인다. 그리고 ㄱ 뒤로 평행하게 제

2바이올린 팀이 위치한다. 그리고 단상(무대보다 한 단 높이기 위해 놓는 평평한 받침대) 위에 목관악기와 금관악기, 왼쪽 안쪽에 타악기와 팀파니, 오른쪽 안쪽에 더블베이스 팀이 자리하고 있다. 그 앞이 첼로 팀. 나아가 오른쪽 전면에 비올라가 있는 배치가 가장 일반적인 오케스트라의 배치이기도 하다.

본래 오페라 등에서 음악 연주를 담당하는 피트 오케스트라의 경우에는 피트(오페라에서 오케스트라는 피트라고 하는, 객석과 무대 사이에 옴폭 들어가 위치한 곳에 자리한다) 자체가 직사각형이어서, 오케스트라 단원들도 직사각형으로 배치되어야 하기 때문에 상당히 변칙적인 배치가 된다. 예를 들면 앞서 제1바이올린이 있던 자리에 제2바이올린이 오고 그 뒤에 제1바이올린, 그 왼쪽에 모든 목관악기, 지휘자 오른쪽에 비올라와 첼로와 모든 금관악기가 오는 배치도 종종 볼 수 있다. 다만 이는 오페라의 프로그램이나 연출 효과상 언제든 변형되기 때문에 피트 오케스트라에서는 정해진 악기의 배치가 없다고 할 수 있다.

여하튼 오케스트라의 배치라는 것은 이렇다 저렇다 해도 사운드의 밸런스를 무엇보다 우선시한다.

현악기, 관악기, 타악기

오케스트라의 배치와 사운드의 관계를 설명하기 위해서는 먼저 모든 악기가 배음(倍音, harmonics) 시스템으로 만들어졌다는 점을

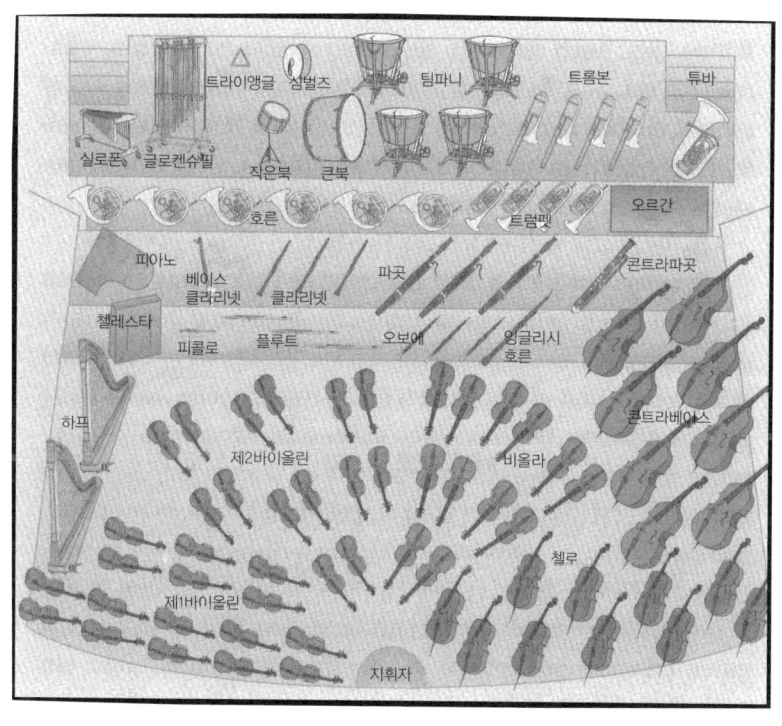

오케스트라의 자리 배치. 오케스트라에 따라 배치가 조금씩 달라지기도 해서
제2바이올린이 오른쪽으로 오기도 한다.

알아야 한다. 그러나 배음에 대한 구조를 설명하는 것은 상당히 까다로운 일로, 여기서는 오케스트라에 편성된 세 종류의 악기 장르와 그것들이 각각 음을 내는 방법과 음의 성질에 대해서만 설명하겠다.

오케스트라에는 현을 활로 마찰시켜 음을 내는 현악기(퉁겨서 음을 내는 하프와 같은 현악기도 있다)와 관의 구멍에 숨을 불어넣어 음을 내는 관악기와 두드려서 음을 내는 타악기 등 세 종류의 악기가 있다. 말하자면 세상의 모든 악기는 이 세 가지 원리로 만들어졌다고 할 수 있다.

현악기는 음이 높은 순으로 바이올린, 비올라, 첼로, 더블베이스. 악기의 모양을 그려볼 수 있는 사람이라면 이 악기들이 모양은 같지만 음이 낮을수록 악기의 크기가 커진다는 것을 알 것이다. 저음 현악기인 더블베이스는 사람 키보다 크다(2미터 정도).

숨을 사용하는 관악기는 현악기와 달리 좀 복잡하다. 숨을 불어넣어 사용한다는 점은 모두 같지만, 숨을 직접 관 속에 불어넣는 플루트와 대나무 리드(본래는 두 장의 갈대 잎을 겹쳐 불어 음을 내는 것이 리드 악기의 원리였다)를 한 장만 사용하는 클라리넷, 두 장을 사용하는 오보에와 파곳, 그리고 마우스피스 속에서 입술로 파열음을 만들어 그 음을 관에서 증폭시키는 트럼펫, 호른, 트롬본 능의 금관악기 세 종류(네 종류라고 해도 상관없지만)로 나뉜다. 음을 만드는 방법에 따라 음량과 음질도 달라진다. 숨만으로 음을 내는 플루트는 소리가 작고, 파열음을 증폭시키는 금관악기는 상당히 크다.

그리고 두드려서 음을 내는 악기가 타악기. 이것이 가장 이해가 쉬울 것이다. 커다란 심벌을 두드리거나 캐스터네츠로 음을 내기도 하는데, 오케스트라에는 팀파니라는 오케스트라에서만 사용하는 특수한 타악기도 존재한다. 페달로 가죽의 장력을 조정하여 음정에 변화를 주는 상당히 큰 북이라고 생각하면 되는데, 곡에 따라 팀파니 두 대가 등장하기도 하고, 때로는 세 대, 네 대의 팀파니가 나란히 등장하기도 한다(대부분의 곡에서는 두 대).

다른 연주자들이 모두 의자에 앉아 연주할 때 타악기 연주자는 악기를 빈번하게 바꾸며 번갈아 연주하기 때문에 그의 분주한 모습을 보는 재미도 쏠쏠하다. 특히 팀파니 연주자의 움직임은 때로 지휘자보다 화려해서 오케스트라 전체를 장악하는 듯한 인상을 주기도 한다.

악기들은 각각 어디에 앉을까?

현악기, 관악기, 타악기 등 세 종류의 악기 장르를 설명했는데, 잘 알다시피 이 장르 중 가장 소리가 큰 악기는 타악기다. 따라서 이들 타악기 연주자의 위치는 청중으로부터 가장 먼, 무대의 가장 안쪽에 있다. 그런데도 타악기 소리는 청중에게 충분히 들리고도 남는다.

타악기 앞에 금관악기가 자리한다. 특히 호른은 오케스트라 악기 중에서 유일하게 뒤쪽으로 소리가 나오는 악기로 알려져 있다. 대부분의 악기는 연주를 위해 손에 쥐었을 때 앞쪽이나 위쪽으로 소리가 나오는데 호른만은 소리 나오는 출구가 뒤쪽을 향해 있다. 그래서 호른은 벽에 소리를 부딪쳐 반사시켜 그 소리를 청중에게 보내야 하기 때문에, 호른 연주자는 무대의 가장 뒤쪽이나 오른쪽 또는 왼쪽 벽에 자리잡는다.

그리고 그 앞에 클라리넷, 파곳, 오보에, 플루트 등 소리가 큰 순서로 뒤쪽에서부터 앞쪽으로 위치한다(소리가 작은 악기일수록 청중과 가까이에 자리한다).

여기서 조금 이상한 것은 현악기 연주자들의 위치다. 이들 현악기 연주자들은 어느 오케스트라에서든 여럿 존재하고 더구나 언제나 제일 앞쪽, 관객과 가장 가까운 곳에 앉는다. 그렇게 연주자 수가 많은데 왜 가장 앞쪽에 자리해야 하는 것일까? 현악기가 그 정도로 소리가 작은 것일까?

여기에는 여러 가지 이유가 있을 것이다. 하나는 전통, 즉 습관적인 이유에서다. 중세 바로크 시대부터 형태가 바뀌지 않은 현악기는 유럽 음악의 중심에 있다. 그래서 작곡가도 현악기를 중심으로 곡을 만들며, 그 활약 영역도 넓다. 즉 오케스트라에서 현악기는 연주해야 하는 음의 부호가 가장 많은 악기다.

또 현악기는 배음(倍音)도 신기한 구조를 가지고 있다. 예를 들면 바이올린의 현 한 줄의 음량과 다섯 줄의 음량은 단순히 생각하면 다섯 배 가까운 음량을 보여야겠지만 실제로는 두 배의 음량이 될까 말까다. 트럼펫의 경우, 다섯 명의 트럼펫 연주자가 나란히 연주하면 실제로 다섯 배 가까운 음량을 낸다. 그래서 현악기에는 많은 연주자가 필요한 것이다.

총보

그럼 실제 오케스트라 음악의 총보에는 악기가 어떻게 배치되어 있고 무엇이 적혀 있을까?

총보란 오케스트라 작품의 악보로, 가장 위쪽의 플루트에서부터 가장 아래쪽의 더블베이스까지 그 곡을 연주할 모든 악기의 음부호가 적혀 있는 것을 말한다. 익숙하지 않은 사람이 총보를 보면 "뭐가 적혀 있는지 전혀 모르겠네"라고 할 그런 물건이다. 여하튼 피아노나 기타의 악보라도 음악과 무관한 사람이 보면 단순한 디자인이나 암호로 보이는데, 이 총보라는 것은 바이올린과 플루트와 호른을 비롯해 모든 단원의 모든 음이 적혀 있는 것이어서 아주 복잡하기 그지없다. 어쩌면 100명이나 되는 등장인물의 대사가 적혀 있는 연극의 대본과 같은 것이라고 할 수 있다. 혹은 여기서 양파를 자르고 여기서 기름으로 볶고 여기서 소금, 후추를 넣는 요리의 레시피와 같은 것이라고도 할 수 있다.

기본적으로는 목관악기가 가장 위, 그 다음에는 금관악기, 그리고 타악기, 가장 아래에 바이올린, 비올라, 첼로, 더블베이스 식으로 현악기가 음이 높은 악기부터 순서대로 자리를 잡는다.

피콜로

피콜로를 오케스트라에서 처음 사용한 작곡가는 베토벤이다. 클래식 음악에서 가장 유명한 작품인 5번 교향곡〈운명〉4악장에서 피콜로를 사용한 것이 최초다. 피콜로는 그 작은 동체(약 30센티미터 정도의 작은 악기) 하나로도 다른 99명의 오케스트라 멤버의 음을 잠식할 만큼 큰 파워와 음량을 가지고 있다. 다만 실제로 음량이 그 정도로 큰 것이 아니라 음이 높아서 다른 어떤 음보다도 뚫고 나가는 힘이 있어 그렇게 들리는 것이다.

인간의 귀는 같은 음량이라도 높은 음을 더 쉽게 알아차리고 낮은 음은 쉽게 알아차리지 못한다. 그래서 오케스트라 악기 중에서 가장 음이 높은 피콜로와 가장 음이 낮은 더블베이스가 동시에 같은 음량으로 연주를 해도 우리 귀는 피콜로 소리에만 신경이 쓰이고 더블베이스 소리에는 별로 주의를 기울이지 않는다. 그런데 제1바이올린과 피콜로가 동시에 같은 대목을 유니즌(unison, 오케스트라 전체가 같은 음 혹은 같은 멜로디를 연주하는 것 - 옮긴이)으로 연주하면 이번에는 오히려 피콜로 소리가 들리지 않고 바이올린 음량이 강조되어 들린다. 작곡가나 편곡자는 이러한 '효과'를 기대하면서 총보에 피콜로 파트를 적어넣는 것이다.

플루트

"피콜로나 플루트나 마찬가지 아닐까?" 하고 말하는 사람은 어쩌면 음악에 상당히 조예가 깊은 사람일지도 모른다. 플루트와 같은 구조를 가졌고 한 옥타브 높은 소리를 내는 악기가 피콜로인데, 일반인에게 이 두 악기에 대한 인상은 전혀 다르다. 귀를 찢는 듯한 파괴적이고 높은 소리를 내는 귀여운 악기가 피콜로이고, 우아하고 아름다운 선율을 들려주는 악기가 플루트라는 정반대의 인상이 일반적이기 때문이다.

바로크 시대에는 오늘날의 플루트가 아직 없었으며, 대신 플루트와는 메커니즘이 다르지만 '트라벨소'라는 목제 악기를 사용했다. 때로는 리코더가 플루트 역할을 맡기도 했다. 플루트가 오케스트라에서 일정한 역할을 맡기 시작한 것은 베토벤 이후의 일이다. 모차르트 시대에는 오보에 연주자가 플루트를 번갈아 연주하기도 하는 등 오케스트라에서 그다지 중요한 악기가 아니었다. 베토벤, 브람스의 독일 클래식 음악 전성기에는 플루트가 오케스트라에서 그 위치를 확보하기는 했지만 솔로 악기로서는 인정받지 못했다. 왜냐하면 당시 플루트는 아직 한창 개량 중이어서 세계 공통의 규격이 마련되지 않았기 때문이다.

플루트가 오늘날의 형태로 개량된 것은 19세기 중반 무렵이다. 독일인 테오발트 뵘이 개량한 플루트가 등장하면서 마침내 오늘날과 같은 플루트의 모습을 갖추게 되었다. 이후 프랑스인 작곡가

드뷔시(《목신의 오후》 전주곡의 오프닝에 나오는 플루트 솔로가 유명), 라벨(《볼레로》는 플루트 솔로로 시작된다)이 단순히 멜로디 악기로서만이 아니라 다양한 뉘앙스로 플루트의 매력적인 효과를 오케스트라에서 발산했다.

오보에

이 악기야말로 오케스트라와 가장 잘 어울리는 악기일 것이다. 오보에의 솔리스트는 세계에 몇 명이나 있지만, 이 악기의 연주자 대부분은 오케스트라 연주자다. 다시 말해 이 악기의 매력과 특성은 오케스트라 안에서 유감없이 발휘된다.

왜?

그 이유 중 하나는 아악(雅樂, 궁중음악 - 옮긴이)의 생황이나 피리와 마찬가지로 더블 리드로 음을 내는 악기이기 때문에 숨이 매우 길게 지속된다는 점과 관련이 있다. 아마도 플루트보다 두 배 세 배 길게 음을 낼 수 있는 악기일 것이다. 이는 오케스트라와 같은 합주 음악에서는 장점으로 작용하지만 솔로 음악에서는 그다지 장점이 아니다.

인간은 음악을 들을 때 그 음악이 악기 연주든 노래든 음악과 함께 무의식적으로 호흡을 한다. 그런데 오보에와 함께 호흡을 하다 보면 호흡곤란에 빠질지도 모른다. 이 악기는 그런 위험을 안고 있는 까닭에 오케스트라라는 다양한 호흡이 공존하는 장에서 어떤 악기보다 크게 활약할 수 있는 악기로 발전해 온 것은 아닐까?

오케스트라 안에서 오보에가 활약하는 것으로 가장 유명한 곡은 누구나 들으면 금방 알 수 있는 차이코프스키의 발레곡 〈백조의 호수〉다. 도입부의 저 애수에 찬 절절한 오보에의 연주를 배경으로 한 프리마 돈나의 백조의 춤은 오늘날까지 세계인들을 매료시키고 있다. 오보에의 매력을 〈백조의 호수〉만큼 제대로 표현한 작품도 없을 것이다.

이 악기는 플루트보다 관을 손가락으로 누르는 키 부분이 작기 때문에 그 표면에 있는 패드(소음 때문에 '피시 스킨fish skin'이라는 패드가 부착되어 있다)에 물기가 쉽게 달라붙어 연주자는 연주 중에도 계속 관 속의 물기를 빼야 한다. 오케스트라 본 연주회 중에도 연주자는 틈만 나면(연주하지 않는 부분이 길면) 즉시 악기를 분해하여 관 속의 물기를 제거하는 작업을 한다. 옆에서 보고 있으면 "그렇게 하다가 다음 연주를 놓치면 어떻게 하지?"라는 생각을 하게 만드는(안절부절 못하게 하는) 섬세한 악기가 바로 오보에다.

클라리넷

취주악에서 주역인 클라리넷도 플루트와 마찬가지로 바로크 시대에는 상당히 불완전한 악기였다. 18세기 오케스트라 가운데 클라리넷 연주자가 정식 단원이었던 오케스트라는 앞에서 말한 만하임 오케스트라뿐이었다. 그러니 이 만하임 오케스트라에서 연주되었던 클라리넷 역시 완전한 악기가 아니어서 작곡가들에게 그리 환영받지 못했다.

클라리넷이 오늘날과 같은 형태로 개량된 것은 플루트와 마찬가지로 19세기 후반이다. 뷔페(Buffet)라는 사람이 플루트의 '뵘' 식에서 힌트를 얻어 '알베르' 식이라는 기술로 만든 악기가 현 클라리넷의 출발점이다.

사실 악기가 어떻게 성립되었는가 하는 것은 우리가 음악을 감상하는 데에 그다지 중요하지 않다. 그 악기로부터 얼마나 멋진 음과 훌륭한 연주를 들을 수 있는가 하는 점이 더 중요하다.

이런 관점에서 볼 때 클라리넷은 낭만적이고 달콤한 분위기를 조성하는 장면에서 자주 사용되기 때문에 낭만주의의 거장 브람스의 오케스트라 곡에서 자주 활용되었다. 그러나 베토벤, 모차르트와 같은 클래식 중 가장 스탠더드한 오케스트라 레퍼토리에는 클라리넷의 유명한 솔로 연주를 그다지 찾아볼 수 없다.

오보에가 클래식 이외의 음악에서 거의 사용되지 않는 것과는 달리, 클라리넷은 스윙 재즈 시대의 베니 굿맨이라는 재즈 클라리넷 연주가의 연주로 유명해진 악기이기도 하다. 말하자면 클라리넷에는 재즈적인 요소가 있다. 조지 거슈윈(1898~1937년)이 작곡한 저 유명한 〈랩소디 인 블루〉의 도입부 연주를 보자. 블루노트(blue note, 장음계에서 제3음과 7음을 반음 낮춰 연주하는 재즈, 블루스의 독특한 음계 - 옮긴이) 재즈 분위기의 이 연주는 클라리넷 소리가 없었다면 불가능했을 것이다.

연애감정이나 인간의 정념과 같은 감정을 진지하게 표현하는 브람스의 작품과 도시적이며 모던한 거슈윈의 표현은 모두 클라리넷 소리가 지닌 두 가지 캐릭터다. 클라리넷이라는 악기의 표현력은 그만큼 폭이 넓다.

파곳

같은 채소라고 해도 단맛이 도는 채소도 있고 매운맛이 나는 채소도 있다. 제각각 다른 맛과 특징이 있어서 비로소 다양한 요리가 가능해지는 것이다. 오케스트라 곡도 마찬가지다. 작곡가는 각각의 악기가 지닌 캐릭터를 잘 활용하여 작품을 완성해 간다.

파곳(바순)이라는 악기는 오보에와 마찬가지로 두 개의 리드로 음을 내는 목관악기의 일종이지만, 그 특징은 오보에와 상당히 다르다.

우선 음이 낮다. 이는 파곳의 모양을 보면 금방 알 수 있다. 음역은 첼로와 거의 비슷하지만 역할은 전혀 다르다. 같은 음역이라도 첼로는 생상스(1835~1921년)의 〈백조〉처럼 아주 우아하고 아름다운 멜로디를 연주하는 미남형 악기지만, 파곳은 솔로 파트를 담당할 때 언제나 익살맞은 코미디언 같은 악기거나, 아니면 다소 으스스한 분위기를 만드는 데 사용되기도 한다. 다시 말해 오케스트라에서 마치 《춘향전》의 방자와 같은 역할을 하는 경우가 많다.

이 악기가 활약하는 가장 유명한 곡은 노르웨이 작곡가 에드워드 그리그(1843~1907년)가 작곡한 조곡 〈페르귄트〉 중 〈산 속 마왕의 궁전에서〉라는 곡이다. 좀 으스스하지만 요상하기도 한 연주는 실로 파곳의 캐릭터와 천생연분이다. 이밖에도 스트라빈스키의 〈봄의 제전〉 첫 도입부 장면 음악이나 벨라 바르토크(1881~1945년)의 〈관현악을 위한 협주곡〉에도 상당히 인상적인 파곳 연주가 등장한다. 플루트나 오보에처럼 눈에 띄는 연주를 자주 맡는 악기는 아니지만 일단 눈에 띄는 장면에 사용되면 아주 강렬한 인상을 남기는 악기다.

호른

지금까지 목관악기에 관한 설명으로 상당히 많은 지면을 할애했는데, 총보의 위에서부터 표시된 순서에 따라 모든 악기 순서 중 약 3분의 1을 설명한 데 불과하다. 총보라는 것은 정말 많은 악기의 음부호를 적어놓은 것이므로, 작은 음부호를 한꺼번에 봐야 하는 지휘자의 일은 우리의 상상을 뛰어넘는다(따라서 지휘자는 사전에 악보를 볼 시간을 충분히 할애하지 않으면 리허설에서도 본공연에서도 제대로 일을 해낼 수 없다). 더구나 이 악기들은 같은 조성기호로 적혀 있는 것이 아니어서 총보를 읽는 지휘자는 더욱 수고로운 작업을 해야 한다.

"아이쿠, 또 다시 어려운 얘기를 꺼내고 있잖아" 하고 생각하는 독자도 많을 것이다. "조성기호? 그건 또 뭐야?"

언어는 정말 어렵다. 다장조나 사장조의 샤프(#)나 플랫(♭)이 붙은 기호, 라고 하면 되는데 군이 조성기호라는 암호와 같은 전문용어를 사용하니까 더더욱 어렵게 느껴지는 것이다.

요컨대 어느 작품이 사장조로 작곡된 곡이라면 플루트나 바이올린의 악보에는 샤프(#)가 하나 붙어 있을 뿐이다. 말하자면 이것이 사장조라는 조성을 표기하는 기호이므로, 연주자는 여기에 적힌 음부호를 그대로 연주하면 된다는 말이다. 그러나 클라리넷이나 이제 설명하려는 호른, 트럼펫과 같은 악기의 악보는, 연주하는 음악은 사장조이지만 악보에 적힌 조성기호는 사장조가 아니다. 이런 식으로 악보에 적힌 음부호의 높이와 실제로 연주할 음의 높이(실제로 들리는 음의 높이를 실음實音이라고 한다)가 다른 악기를 '조옮김 악기'라고 한다. 오케스트라에는 이러한 악기가 생각보다 많다.

클라리넷이라는 악기는 B플랫관(管), 즉 내림나장조인 것이 많고(A관이라는 것도 있어서 한층 까다롭다), 악보상에는 내림나장조로 적혀 있어도 실제로 나오는 음은 나장조다. 그러므로 플루트가 다장조의 기호로 미를 연주할 때, 같은 음을 클라리넷으로 연주할 때에는 라장조로 적힌 악보의(샤프#가 두 개 붙은 조) 파# 음을 연주해야 하는 것이다(정말 복잡하다!).

이와 같은 원리로 호른은 F관(바조의 악기라는 의미)이 많아서, 앞에서 말한 클라리넷의 경우와 마찬가지로 음을 바꿔야 한다.

요컨대 총보라는 것은 이처럼 갖가지 사정을 가진 매우 까다로운 악기가 한 군데 모인 집단을 위한 대본이어서 연출가(지휘자)도 이것을 다 이해한다는 것이 보통 일이 아니다.

호른이라는 악기 역시 한편으로는 오케스트라를 위한 악기 중 하나다. 나는 팝이나 재즈, 록에서 이 악기의 솔리스트를 본 적이 거의 없다(아니, 과연 그런 연주자가 존재할 수는 있을까?). 그러나 오케스트라 안에서는 오보에와 마찬가지로 상당히 중요한 악기다. 하모니의 깊이를 만드는 데 결코 없어서는 안 되는 악기인 것이다.

호른은 스위스의 알프스산 위에서 들을 수 있는 동체가 긴 알펜호른도 그렇고, 수렵에서 사냥꾼들이 사용하는 나팔도 그렇듯이, 멀리까지 소리가 들리게 하는 것이 본래의 목적이다. 그래서 관의 길이가 길다는 것이 이 악기의 가장 두드러진 특징이다. 알펜호른의 관은 직선으로 길지만, 오케스트라에서 사용하는 호른은 관이 달팽이처럼 빙글빙글 말려 올라가 있어서 실제로 관의 길이는 상당히 길다. 공명체가 길어서 훨씬 많은 배음(倍音)을 만들어내고 훨씬 큰 음을 들려줄 수 있다. 원래 호른이라는 악기는 알프스 산속에서 사냥하다가 숲속 여기저기에 흩어져 있는 사냥꾼들을 불러 모으기 위한 신호로 사용되었다. 특히 오케스트라에서 사용하는 프렌치 호른은 연주자의 뒤로 음이 나오는 형태인데, 이 역시 뒤따라오는 사냥꾼들에게 사냥감이 있는지 또는 수확이 좋은지를 알리기 위해 고안된 형태의 흔적이라고 한다.

호른이 활약하는 오케스트라 작품에는 어떤 것이 있을까? 앞에서 말했듯, 호른은 혼자서 솔로를 하는 악기가 아니라 두 사람이나 네 사람이 그룹으로 화음을 만들어 연주하는 경우가 많으므로 솔로다운 솔로 연주는 거의 없다. 그 중에서도 인상적인 호른 연주 대목이 차이코프스키의 교향곡 5번 2악장과 라벨의 〈죽은 왕녀를 위한 파반〉에 있다. 전자는 애수에 찬 차이코프스키다운 선율이 흐른다. 호른의 음역으로서는 상당히 높은 음을 내지만 우리에게 주는 인상은 매우 강렬하다. 그리고 후자는 전설 속 왕녀의 죽음을 슬퍼하듯이 흐르는 호른의 달콤하고 애절한 연주로, 표현이 완전한 일치를 이룬 아름다운 멜로디를 들려준다. 이 곡을 듣고 호른의 팬이 된 사람이 많다.

트럼펫

중세 16세기의 네덜란드 화가 히에로니무스 보슈. 그의 그림은 매우 독특하여 상당히 초월적으로 보이는 한편, 매우 사실적(寫實的)으로 보이기도 하는 신비로운 화풍으로 알려져 있다(화가 본인 역시 매우 수수께끼와 같은 인물이다). 또 한편으로 으스스함이 감도는 그림으로 보이기도 하는데, 그의 작품이 미술사에서 높이 평가받는 것은 기독교 세계에서 말하는 천국과 지옥의 묘사가 다른 화가들에 비해 훨씬 뛰어나기 때문이다. 실로 그의 모든 그림은 천국과 지옥의 묘사로 일관되어 있다고 해도 지나치지 않을 만큼 보슈는 다양한 형태로 이 두 세계를 묘사했다.

그 중에서 내가 주목한 것은 천국에 등장하는 악기와 지옥에 등장하는 악기가 명확히 구분되어 있다는 점이다. 천국의 그림 속에 항상 등장하는 악기는 바로 트럼펫과 오르간. 보슈의 그림뿐만 아니라 중세 대부분의 종교화에 등장하는 천사들은 트럼펫을 불고 있다(알펜호른과 비슷한 혹은 트롬본과도 비슷한 긴 모양의 트럼펫을 불면서 하늘을 나는 천사들의 모습이 떠오르는 사람도 있을 것이다). 그리고 트럼펫 이외에도 교회나 천국에서 활약한 악기로 오르간, 인간의 목소리, 하프 등이 미세하게 묘사되어 있다.

한편 보슈가 표현한 지옥에는 바이올린이나 플루트, 오보에와 같은 악기가 등장한다. 이는 기독교(서양 음악은 이 종교를 빼놓고는 존재하기 어렵다)와 음악의 관계를 생각해 볼 때 매우 흥미롭지 않을 수 없다.

물론 이는 보슈라는 화가가 묘사한 회화 세계일 뿐, 그밖의 종교화에서는 천사들이 리코더를 불거나 비올(viol, 바이올린의 전신)을 켜기도 하는 광경을 볼 수 있다. 따라서 반드시 천국에는 트럼펫, 지옥에는 바이올린이라고 이분법적으로 생각할 필요는 없다. 그러나 천국에서 필요한 음악은 신을 찬양하기 위해 부는 팡파르이고, 그 주역이 트럼펫이었다는 점은 쉽게 이해할 수 있을 것이다.

한편으로 지옥세계의 악기로 플루트나 바이올린을 묘사한 것도 어떤 의미에서는 이해가 간다. 괴테의 《파우스트》에서도 메피스토펠레스가 바이올린을 켜서 사람들을 유혹하는 장면이 나오는데, 요코미조 세이시의 소설 《악마가 와서 피리를 분다》에서도 그 음색으로 인간을 유혹하는 악마나 지옥의 사자의 악기는 플루트다. 요컨대 플루트나 바이올린은 달콤한 멜로디를 속삭이는 악기, 말하자면 인간에게 쾌락을 주고 '악(惡)'의 길로 유혹하는 악기의 이미지를 갖고 있다(특히 기독교에서 그렇다).

따라서 금관악기 중에서 가장 높은 음을 내고, 또한 어떤 악기보다 멜로디를 담당하는 경우가 많은 트럼펫은 오케스트라에서도 가장 화려하고 고귀한 역할을 맡고 있다. 오케스트라에서는 처음에 트럼펫보다 관이 조금 짧은 코넷이 많이 사용되었는데, 최근의 개량으로 지금은 트럼펫을 사용하는 빈도가 코넷보다 훨씬 많다.

리하르트 슈트라우스, 바그너, 말러, 시벨리우스와 같은 작곡가들의 오케스트라 작품 중에는 트럼펫의 활약상이 늘 등장한다.

트롬본

보슈의 그림에 묘사된 천사가 부는 긴 트럼펫은 "사실은 트롬본을 말하는 것이 아닐까?"라고 생각하는 사람도 있다. 본래 나팔은 한 가지 모양, 한 가지 길이로 통합되지 않아서, 어느 시기부터인가 트럼펫은 S자 관에 곡선으로 관을 구부려 놓았고 트롬본은 U자 관을 사용하여 더 긴 관을 만들었으며, 트럼펫이 높은 음을 내고 트롬본이 낮은 음을 내도록 했다는 것이 역사적 해석으로 가장 합리적일 것이다.

기본적으로 모든 금관악기는 마우스피스라는 작은 기구 속에서 입술을 떨리게 하여 '부르르' 떨리는 음을 긴 관 속에서 증폭시켜 내는 구조라는 점에서는 같다. 따라서 남은 것은 관의 길이를 어떻게 조정하는가이다. 관의 길이를 슬라이드식으로 바꾸는지(트롬본),

빙글빙글 돌려 점점 길게 만드는지(호른), 혹은 S자 관에 있는 밸브의 미묘한 개폐 방식으로 길이를 바꾸는지(트럼펫이나 튜바)의 차이다. 이렇게 음과 음역의 차이를 내게 되는 것이다.

그 중에서도 트롬본은 U자 관을 슬라이드식으로 움직여 음정을 바꾸기 때문에 포르타멘토(portamento, 음정을 미묘하게 올리거나 내리는 연주 기법 - 옮긴이)가 비교적 용이하다. 그래서 트롬본은 재즈의 풀밴드에서 매우 중요하게 사용된다. 이 트롬본은 재즈의 '블루노트'라는, 미묘하게 변화하는 음정을 연주하는 데에도 최적의 악기며, 음정 사이가 짧거나 길어도 글리산도(glissando, 높이가 다른 두 음 사이를 급속한 음계에 의해 미끄러지듯 연주하는 기법 - 옮긴이)나 포르타멘토 등의 음정 변화를 효과적으로 연주할 수 있기 때문이다.

물론 클래식 오케스트라 작품에도 트롬본은 중요한 악기로 등장한다. 솔로 연주를 하는 경우는 적지만 리듬의 중요 요소로서, 그리고 작곡가와 편곡자의 개성을 보여주는 하모니의 중요 요소로서 오케스트라에서 없어서는 안 되는 악기이기 때문이다.

팀파니와 퍼커션

한마디로 퍼커션이라고 해도 세상에 퍼커션 악기 수가 몇 개라고 정확하게 말할 수 있는 사람은 없을 정도로 퍼커션의 수는 무수히 많다. 두드려서 음을 낼 수 있는 것을 모두 퍼커션이라고 정의한다면 지구상에 있는 '모든 것'이 퍼커션이 될 수 있다. 더구나 각 지역이나 국가, 민족마다 독특한 타악기를 가지고 있고(기후나 풍토가 바뀌면 두드릴 수 있는 것도 다르고 두드려서 나오는 소리도 달라진다), 라틴 퍼커션은 라틴 음악을 라틴 음악답게 해주는 중요한 요소이며, 일본의 다이코(太鼓)나 고츠즈미(小鼓), 오츠즈미(大鼓) 등도 일본 전통음악에 없어서는 안 되는 악기다. 마찬가지로 전세계에 독특한 울림과 독특한 주법을 가진 퍼커션은 무수히 많다. 이처럼 많은 퍼커션이 있지만 오케스트라에 사용되는 퍼커션 중에 과연 오케스트라이기 때문에 존재하는 악기다 싶은 것이 하나 있다. 바로 팀파니라는 악기다.

팀파니를 보는 것만으로도 오케스트라 연주회에 갈 가치가 충분하다는 사람도 있다. 나 역시 동감이다. 그 정도로 팀파니라는 악기의 연주 풍경은 그림이 된다. 악기도 상당히 크다. 가장 작은 팀파니가 직경 58센티미터이고, 가장 큰 사이즈의 팀파니는 직경이 81센티미터나 된다. 이 사이에 모두 여섯 종류의 팀파니가 있는데, 대체로 연주자의 허리보다 조금 높은 위치에 설치된 커다란 북(북의 가죽)을 위에서 말렛으로 두드린다.

팀파니를 연주하는 모습은 상당히 박력이 넘친다. 대개 오케스트라의 연주자들은 앉아 있다. 즉 거의 움직임이 없이 연주가 진행되는데, 팀파니 연주자의 움직임, 북을 두드리거나 '두두두두' 하며 트레몰로(tremolo, 같은 음을 빠른 반복으로 내는 장식적인 소리 - 옮긴이)로 연주하는 모습은 멜로디를 연주하는 것이 아닌데도 단번에 청중의 눈을 사로잡아 버릴 정도이다. 어쩌면 오케스트라의 '보이지 않는 주역'이라고 해도 지나치지 않을 것이다.

일반 곡에서도 팀파니는 크고 작은 두 개에서 네 개의 북을 배치한다(크기는 연주 곡목에 따라 바뀌며 그 수도 달라진다).

팀파니는 절구 모양의 큰 북 아래쪽에 파이프를 연결해 지탱하면서 북의 위쪽 가죽 부분의 팽팽한 정도를 발 아래 페달로 변화시키면서 음정을 조정하는 악기라고 할 수 있다. 이 정도면 팀파니가 어떤 악기인지 그 구조를 이해할 수 있지 않을까? 여하튼 팀파니는 크기가 큰 악기이며 가죽의 장력도 만만치 않아서, 절구 모양의 아랫부분은 동이나 합금으로 만들고 가죽 부분은 소가죽이나 플라스틱으로 만든다.

두드리는 데 필요한 말렛도 작은 소리나 견고한 소리, 커다란 소리나 부드러운 소리 등 음의 성격에 따라 크기가 몇 가지로 나뉜다. 대체로 나무 봉 끝에 펠트(felt)가 둘러져 있다.

팀파니라는 악기는 서양 음악에서 단순히 리듬을 맞추는 악기로서가 아니라 관악기와 현악기의 접착제 역할을 하는 악기로 발전했던 것으로 보인다. 그래서 팀파니는 대부분의 클래식 음악에 등장한다. 그 좋은 예가 베토벤의 교향곡 9번의 2악장 도입 부분(악보 1 참조)이다. 바이올린이 '라, 라라' 하고 짧고 리드미컬한 모티브를 연주하면, 다음 순간에 팀파니도 같은 음으로 똑같이 응한다. 바이올린과 음을 주고받을 수 있는 팀파니라는 존재는 라틴 음악이나 아랍 음악의 퍼커션 모습과는 전혀 다른 음악을 우리에게 들려준다. 이 악보는 어느 쪽이 레벨이 높다든가 낮다든가 하는 차원의 문제

SYMPHONIE No.9
2nd Movement

L.van Beethoven
op.125

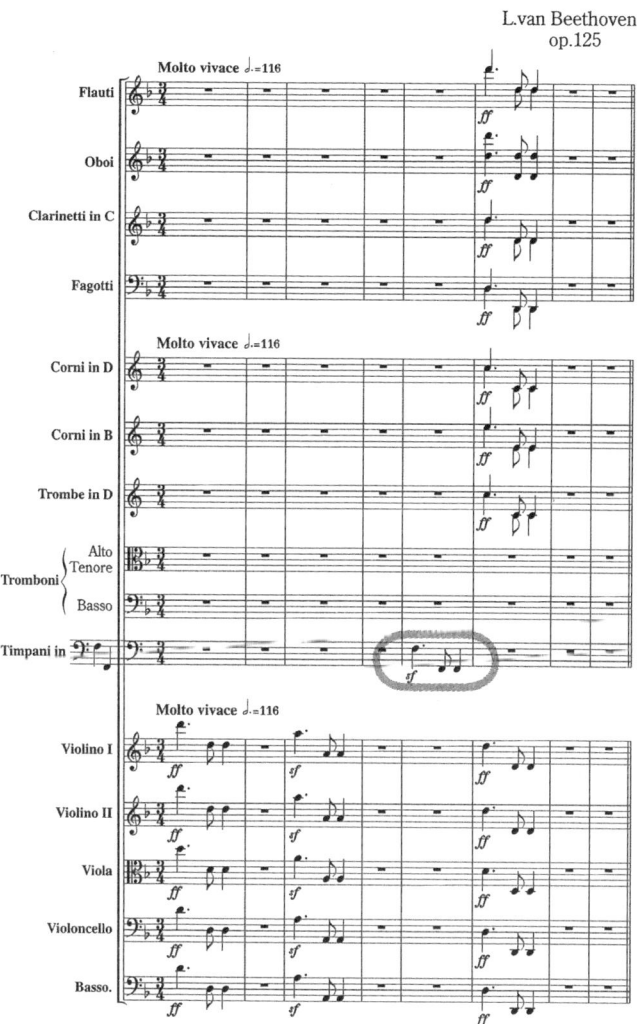

악보 1

가 아니라, "어라, 팀파니라는 악기가 오케스트라에서 단순히 리듬이나 담당하는 악기가 아니구나"라는 생각을 청중에게 심어주기 때문이다.

마찬가지로 드보르자크의 마단조 교향곡 〈신세계로부터〉의 3악장 도입 부분에서도 바이올린과 바이올린의 연주를 절묘하게 이어주는 팀파니 연주가 등장한다. 그 짧은 연주 역시, 나는 팀파니를 연주해 본 적이 없어 잘은 모르지만, 연주자에게는 '아주 기분 좋은' 연주가 아닐까 상상해 본다. 연주자에게 기분 좋은 연주는 청중에게도 기분 좋은 연주가 될 수 있기 때문이다. 팀파니라는 악기는 단순한 타악기가 아니다. 진정 오케스트라의 '보이지 않는 주역'일지도 모른다.

오케스트라를 이끄는 현악기군

바이올린을 비롯한 비올라, 첼로, 더블베이스처럼 오케스트라에서 사용하는 현악기는 그 사용 방식이 신기하다. 왜냐하면 바이올린이든 첼로든 모두 훌륭한 솔로 악기인데 오케스트라에서는 반드시 복수로 사용된다는 것이다. 다시 말해 오케스트라에서 이 현악기 연주자들의 인원수가 가장 많다.

일본에 있는 26개의 프로페셔널 오케스트라 단원 구성의 평균적인 양상을 살펴보아도 제1바이올린이 10~12명, 제2바이올린도 대략 같은 수인 10~12명, 비올라는 8~10명, 첼로도 8~10명, 더블베이스는 4~6명 정도이다. 이것만 보아도 현악기는 다른 악기와 전혀 다른 위치에 있음을 엿볼 수 있다. 현악기가 전체 오케스트라의 거의 반을 차지하는 셈이다. 즉 인원수를 통해서도 오케스트라의 중심에는 이 현악기 연주자들이 있다는 사실을 알 수 있다. 그 정도로 중요한 현악기군(영어로는 '스트링스'라고 부른다) 중에서도 주역은 바이올린이다.

바이올린은 오케스트라에서 제1바이올린 섹션, 제2바이올린 섹션으로 나뉜다. 제1바이올린은 가장 눈에 띄는 대목(멜로디)을 연주하는 경우가 많다. 따라서 오케스트라 연주회의 주역은 제1바이올린이라고 할 수 있다. 제2바이올린은 이를 지원하는 역할을 한다. 오케스트라 곡의 모든 작품에서도 바이올린 연주자들이 음악의 흐름을 견인한다. 제1바이올린 연주자 중 톱 연주자를 '콘서트마스터'라고 하는데, 가장 중요한 연주자로서 특별한 지위와 명예를 누린다.

콘서트마스터라고 불리는 이 바이올린 연주자는 오케스트라에 따라 두 명 또는 세 명으로 복수로 있는 경우가 많은데(세 명 이상인 경우도 있다), 그 안에서도 분명한 서열이 정해져 있어 최고 서열 콘서트마스터를 수석 콘서트마스터 또는 제1콘서트마스터라고 부른다(오케스트라에 따라 부르는 이름이 다르다). 수석 콘서트마스터 또는 제1콘서트마스터는 오케스트라 전원의 튜닝을 관리하거나 현악기 전체의 보잉(활을 올리거나 내렸을 때의 음의 차이를 표시한 기호. 다운 또는 업에 따라 음악이 표정이 전혀 달라지기 때문에 보잉을 정하는 작업은 현악기에서 가장 중요한 작업일 뿐 아니라 오케스트라 전체에도 무엇보다 중요한 작업이다)을 지시한다.

이 보잉은 지휘자의 음악 작품 해석과 직접 관련되기 때문에 지휘자 자신이 콘서트마스터에게 "여기는 다운으로, 여기는 업으로"라고 지시를 하는 경우도 있다. 다만 문제는, 오케스트라가 가진 파트 악보에는 보통 이 보잉까지는 적혀 있지 않다는 점이다. 그래서 보잉은 나중에 연필 또는 다른 필기구로 악보에 적어넣게 되는데, 그렇다면 지휘자가 바뀔 때마다 지우개로 지우고, 또 다른 지휘자의 해석에 따라 다른 보잉을 적어넣는 것일까? 이에 대한 대답은 예스이기도 하고 노이기도 하다.

다시 말해 오케스트라에 따라 처음부터 'A씨라는 지휘자용 보잉 악보', 'B씨라는 지휘자용 보잉 악보'의 방법으로 보관해 놓는 경우도 있다. 이러한 경우는 각각 악보를 복사해서 지휘자 A씨용, 지휘자 B씨용으로 폴더에 보관해 놓는 경우가 많다.

물론 이러한 보잉 작업은 현악기 이외에는 하지 않는 작업으로, 플루트나 호른의 경우에는 아주 깨끗한 악보를 몇 년씩 사용하게 된다(관악기 연주자들은 악보에 메모와 같은 기입을 하지 않는다).

바이올린은 왜 가장 앞줄일까?

중세 유럽의 궁정에서는 아직 바이올린이나 첼로는 사용되지 않아, 이와 비슷한 형태의 비올(viol)이라는 악기가 사용되었다(비올에도 작은 모양이나 큰 모양이 있어 각각 바이올린의 친척 또는 첼로의 친척이라고 할 수 있다).

바로크 시대에는 오보에나 클라리넷, 비올에 이르기까지 그 주법이나 악기 모양이 현대 악기와 달랐다. 바이올린도 근대 주법으로는 악기를 몸 왼쪽에 올려서 연주자의 체중을 실어 커다란 소리를 내는 주법으로 바뀌었으나, 바로크 시대에는 악기를 목으로 지탱하는 방법이 아니라 왼손으로 가볍게 쥐고(몸 앞쪽에 악기를 직각으로 내미는 느낌) 오른손의 활에도 체중을 거의 싣지 않는 주법을 사용했기 때문에 그다지 커다란 소리를 내지 못했다. 비올이 이런 지경이었고, 쳄발로를 비롯한 다른 악기 역시 큰 음을 낼 만한 악기가 없어, 당시 오케스트라는 마치 작은 소리의 집합체와 같았다. 따라서 바로크 시대에 비올의 현악기와 트럼펫 등의 금관악기가 같은 곳에서 연주되는 경우는 별로 없었다.

그러나 베토벤 이후, 낭만주의 작곡가들의 오케스트라 작품에서는 트럼펫 등의 금관악기가 큰 활약을 보이기 시작한다. 이는 금관악기가 개량되었기 때문이 아니라 현악기인 바이올린의 주법이 바뀌어 음량을 낼 수 있게 된 점과 그 수가 점점 늘었다는 점에 주요 원인이 있다. 즉 상대가 비올이라면 트럼펫은 구석에서 조용조용 몸을 사리며 음을 내야 하지만, 상대가 대편성을 이룬 스트링스라면 트럼펫 역시 당당하게 커다란 소리를 낼 수 있기 때문이다.

그런데 스트링스는 지휘자 및 청중과 가장 가까운 곳에 위치해 있다. 세계 어느 오케스트라를 보아도 제1바이올린 섹션은 지휘자

바로 앞에 자리해 있다. 이들이 트럼펫보다 안쪽에 자리하는 경우는 오페라나 뮤지컬 등에서 연주하는 피트 오케스트라 이외에는 없다.

록이나 팝의 밴드에서는 청중에게서 가장 먼 위치에 드럼이 있다. 음량이 가장 크기 때문이다. 기타리스트나 베이시스트, 키보드 연주자가 그 옆에 나란히 자리한다. 그리고 오케스트라의 지휘자 자리에 메인 보컬이 선다. 메인 보컬이 콘서트의 주역이기 때문이다.

따라서 오케스트라에서 언제나 주선율을 연주하는 주역인 바이올린이 가장 앞에 오고 가장 음량이 큰 악기가 무대 안쪽에 자리하는 것은 지극히 당연한 일이다.

바이올린

바이올린이라는 악기의 기원은 16세기 무렵이라고 하는데, 정확한 시기는 지금으로서는 알 수 없다. 참으로 신비로움을 간직한 악기인데, 역사가 그리 길지 않은데도 많은 수수께끼를 가지고 있다. 수백 년 동안 모양도 제조법도 전혀 달라지지 않은 점도 놀랄 만한 일이다.

명기 스트라디바리우스나 아마티 등 300년 이상 전에 만들어진 오래된 악기가 오늘날에도 여전히 제대로 소리를 내며 연주되고, 더구나 새로운 악기보다 가치가 엄청나게 높은 일은 현악기에서만 일어나는 현상이다. 목관악기나 금관악기는 오래될수록 좋은 것이 아니라 오히려 새로운 악기가 아니면 연주가 불가능한 경우가 많다. 이는 악기의 재질이 떨어지기 때문이기도 하고, 주법 자체가 현대와는 다르기 때문이기도 하며, 피치(현대 악기는 튜닝으로 사용하는 A = 440~445헤르츠 정도로 연주할 수 있도록 만들어졌는데, 옛날 악기는 A = 360~390헤르츠로 극히 낮았다)가 전혀 맞지 않아 연주할 수 없는 경우도 있기 때문이다. 이에 비해 바이올린이라는 현악기는 몇백 년 동안 모양이 전혀 바뀌지 않은 채 유지되어 왔다. 이 점 자체가 기적과 같은 일이다. 어쩌면 이 점이 이 악기를 오케스트라의 주역, 리더로서 존재하게 하는 가장 큰 이유가 아닐까?

바이올린 섹션의 리더가 콘서트마스터라고 불린다는 점은 앞에서 설명했는데, 콘서트마스터의 역할은 매우 크다. 곡의 표정을 결정하는 보잉 지시를 내리는 사람이 콘서트마스터이며, 오케스트라 연주회에서 제일 첫음 음을 내는 의식인 튜닝의 지휘를 담당하는 것도 바로 콘서트마스터다. 튜닝의 기준 음인 A음을 내는 것은 오보에 주자의 역할이지만, 오보에 연주자가 마음대로 이 음을 내는 것은 아니다. 콘서트마스터의 신호에 따라 비로소 오보에 연주자가 A음을 낼 수 있는 것이다.

말하자면 지휘자가 무대에 등장할 때까지 콘서트마스터가 오케스트라에서 가장 높은 사람이다. 오케스트라라는 것은 일반 회사가 아니기 때문에 부장이라든가 과장이라든가 하는 상하관계는 전혀 없는 것처럼 보이지만, 의외로 이러한 위계질서는 분명 존재한다. 예를 들어 차이코프스키나 브루흐(1838~1920년)가 작곡한 바이올린 협주곡의 명곡이 연주회 프로그램에 들어가 있다고 하자. 이러한 협주곡(콘체르토)에서는 솔리스트의 연주 기술이나 퍼포먼스를 보여주는 것도 연주의 목적 중 하나다. 따라서 게스트인 바이올리니스트가 무대에서 오케스트라와 함께 연주를 할 때, 흔하지는 않지만, 솔리스트의 파워 넘치는 연주 모습을 볼 수도 있다. 이때 당연히 필요 이상의 힘이 들어가기도 할 것이다. 그 결과, 연주 중에 힘이 넘쳐 바이올린 현이 끊어지는 경우도 있다(그리 흔한 일은 아니지만 여러분이 그런 장면을 목격할 가능성은 분명 있다). 그럼 어떤 일이 벌어질까?

거기서 연주를 중단한다? 현을 교체한다?

아니 그럴 가능성은 거의 없다. 이후 음이 몇 군데 빠진다고 해도 솔리스트도 지휘자도 오케스트라도 쉬지 않고 연주를 계속할 것이다.

어떻게?

상황에 따라 그때그때의 처리는 미묘하게 다르지만 대체로 솔리스트의 가장 가까이에 있는, 같은 바이올린 연주자인 콘서트마스터가 자신의 악기를 즉시 솔리스트에게 건네줄 것이다. 그리고 자신의 악기를 건네준 콘서트마스터에게는 바로 뒷자리의 연주자가 앞으로 악기를 건네주고, 그 연주자는 다시 뒤에 앉은 연주자로부터 악기를 건네받는 식으로 악기의 이동이 있을 것이다(나는 이러한 장면을 몇 차례 목격했다). 그럼 가장 뒤에 앉은 연주자만이 손에 악기가 없는 셈인데, 그렇더라도 이 연주자는 당황하지 않고 조용히 대기실로 가서 여분의 악기(자기 악기인지 오케스트라의 악기인지 다른 단원의 악기인지 모르지만)를 가지고 무대로 돌아와 다시 연주를 이어간다.

실제로 이러한 장면을 목격하게 되면 오히려 관객들이 동요하여 잠시 웅성웅성거릴 수도 있다. "어? 어떻게 해? 연주는 계속하는 거야? 중단되는 거야?"

이와 같은 해프닝은 오케스트라 연주회뿐 아니라 어떤 음악회나 무대 퍼포먼스에서든 일어날 수 있다. 어쩌면 이런 장면을 목격하게 되었다면 그 자체에 감사해야 할지도 모른다(평생 한 번 목격할까 말까 한 일이므로).

음악이란, 대충 정리하면, 우리 인간이 들을 수 있는 범위(20~2만 헤르츠)에 있는 음의 고저를 조합한 것이며, 시간에 따라 반복되는 리듬의 변화로 이루어졌다. 리듬이란 시간의 변화에 따라 신체가 반응하는 것이지만, 동시에 몇 가지 소리가 날 때에는 높은 주파수의 음(즉 피치의 높은 음)에 우리의 귀가 모든 신경을 빼앗길 수밖에 없다. 전문적인 훈련을 받은 음악가나 청력이 좋은 사람은 동시에 나는 모든 음을 구분해서 들을 수 있지만, 일반인들의 귀는 아주 아래 음은 듣지 못한다. 피콜로에서부터 더블베이스까지 모든 음이 합쳐진 오케스트라 음악에서 바이올린은 높은 음을 연주하므로 항상 청중의 귀를 빼앗는 파트를 맡고 있는 것이다. 오케스트라 음악은 압도적으로 인원수가 많은 제1바이올린과 제2바이올린 섹션의 연주자들이 이끌어가고 있다.

비올라

제1바이올린과 제2바이올린 바로 아래 음역 파트를 담당하는 비올라는 어떤 의미로는 오케스트라에서 가장 눈에 띄지 않는 존재일지도 모른다. 스트링스의 꽃은 물론 바이올린, 낮은 음역에서의 멜로디를 담당하는 것은 첼로의 역할, 상당히 낮은 음이지만 리듬의 유지와 음악의 약동감을 만들어내는 것이 더블베이스의 역할. 그렇다면 비올라의 역할은?

기본적으로 비올라는 높은 음의 바이올린과 낮은 음의 첼로 사이에서 미묘하게 균형을 잡아주는 연결고리 역할을 해준다. 바이올린과 첼로 사이를 맺어주는 큐피트와 같은 역할이라고도 할 수 있지 않을까?

"좀 손해 보는 역할 아닌가?"라는 생각이 들지도 모르지만, 이러한 그림자 역할에 기쁨을 느끼는 사람도 있다. 사실 이러한 역할을 맡아주는 사람이 없으면 세상은 되는 일이 없을 것이다. 오케스트라 음악에서도 비올라와 같은 존재가 없으면 음악은 구멍 숭숭한 얄팍한 울림만이 남을 것이다. 비올라 연주자 출신의 작곡가나 지휘자는 그리 많지 않으나, 힌데미트라는 독일의 작곡가나 지휘자로 유명한 카를로 마리아 줄리니, 샤를 뒤투아 등 의외의 인물들 이름이 떠오른다. 이러한 '연결고리 역할'을 해본 적이 있는 사람(비올라 연주자로서 경험이 있는 사람)은, 포수 출신이 야구감독을 잘 해내는 것처럼, 오케스트라를 하나로 엮는 역할에 적역일 것이다.

비올라의 특색 하나를 더 든다면, C(도)음 기호라는 보통 자주 접하지 못하는 악보를 보면서 연주한다는 점이다. 우리에게 익숙한 도음 기호는 오선 상에서 위에서 네 번째 줄이 G음(다장조의 솔 음)을 나타낸다. 비올라가 사용하는 C음이라는 것은 이와 마찬가지로 위에서 세 번째 줄 음이 C음(즉 다장조의 도 음)이라

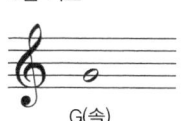

G음 기호

G(솔)

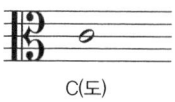

C음 기호

C(도)

는 말이다. 평소에 도 음에 익숙한 눈에는 한 음씩, 모든 음이 높은 곳으로 이동해 있는 것처럼도 보인다(즉 지금까지 시라고 생각했던 곳에 도가 오고 지금까지 도라고 생각했던 곳에 레 음이 오는 것이다). 그럼 왜 비올라의 악보에는 이런 기호를 사용하는 것일까?

그것은 단순히 C음 기호로 된 것이 악보를 보기에 편하기 때문일 뿐이다.

바이올린의 악보가 만약 F(파)음 기호를 사용하는 첼로 악보에 적혀 있다면, 모든 음을 위쪽에 선을 그어 표시하는 바람에 온통 선 투성이가 되어 참으로 보기 어려운 악보가 되고 말 것이다. 반대로 첼로의 악보를 G음 기호로 적는다면 이번에는 아래쪽에 선이 점점 늘어나 이 또한 보기 어려운 악보가 되고 말 것이다(결국 엄청 지저분한 악보가 되고 말겠지). 이러한 고충을 피하기 위해 비올라의 음역에서 오선 안에 음부호가 들어가는 악보로서 C음 기호 악보를 사용하는 것이다. 그래서 곡에 따라 G음 기호로 적힌 경우도 있으며 (즉 높은 음역의 음을 연주할 때), F음 기호로 적힌 경우도 있다(낮은 음

이 많은 연주를 할 때). 이처럼 자유자재로 변환을 하며 바이올린과 첼로의 간극을 메워가는 역할을 하는 악기가 바로 비올라이다. 주역을 돕고 극의 진행을 원활하게 해주어 맛과 깊이를 더해주는 연주자(조연)처럼, 음악 작품에 '맛과 깊이를 더하는' 음악가가 바로 비올라 연주자다.

첼로

첼로는 현악기 중에서 저음에 속하는 악기다. 하지만 단순히 저음 악기에 머물지 않고 '사람의 목소리와 같은 음역을 노래하는 멜로디 악기'로서 음악 작품에 사용되는 경우가 많다. 여기서 인간의 목소리라면 성인 남성의 목소리와 같은 낮은 음에서부터 여성의 목소리와 같은 상당히 높은 음역까지 꽤 폭이 넓다. 이 인간 목소리의 폭 안에서 리듬에서부터 멜로디까지 무엇이든 자유롭게 켤 수 있는 첼로는 오케스트라에서 매우 중요한 역할을 담당한다.

프랑스의 작곡가 생상스가 작곡한 〈동물의 사육제〉라는 오케스트라 작품 속에 〈백조〉라는 곡이 있는데, 이 곡은 첼로의 명곡 중 명곡으로 전세계인의 사랑을 받고 있다. 우아하게 물 위를 헤엄치는 백조의 모습을 묘사한 이 작품은 언젠가부터 "첼로 하면 〈백조〉, 〈백조〉 하면 첼로"라고 회자될 정도로 첼로의 최고 걸작 중 하나로 꼽힌다. 본래 오케스트라 곡이지만, 첼로의 솔로 레퍼토리로 혹은 바이올린이나 플루트 등 모든 악기의 솔로 곡으로도 세계적으로 인기가 많다.

이 곡이 이처럼 많은 사람들에게 사랑받는 이유 중 하나는 분명 사람이면 누구나 갖고 있는 '노래하는' 마음과 딱 맞아떨어지기 때문이다. 말하자면 '심금을 울리는'이라는 표현이 딱 들어맞는 멜로디의 흐름, 사람의 마음을 잡고 놓아주지 않는 아름다운 연주가 사람의 목소리와 가까운 음역으로 연주되면서 실로 사람의 '노래'를 듣는 듯 빠져들게 되는 것이다.

'노래하는' 저음 악기가 바로 첼로다.

더블베이스

〈백조〉를 포함한 생상스의 〈동물의 사육제〉는 동물의 움직임과 정경, 풍경을 오케스트라 악기만으로 표현한 작품인데, 너무도 훌륭한 묘사에 감탄할 정도로 동물과 악기의 특색을 제대로 포착한 곡이다. 클라리넷과 피아노(보통 오케스트라에는 없는 악기지만 이 곡에서는 많은 활약을 한다)가 묘사한 〈수탉과 암탉〉, 시원한 수조 안 물고기들의 움직임을 피아노와 스트링스를 중심으로 묘사한 〈수족관〉, 플루트가 서로 날아다니는 작은 새로 묘사된 〈커다란 새장〉(플루트는 서양 음악에서 새로 묘사되는 경우가 많다).

커다란 몸을 흔들며 걷는 〈코끼리〉는 느긋한 〈거북이〉가 스트링스로 묘사된 다음에 더블베이스로 묘사된다. 이 묘사는 무릎을 치게 한다. 왜냐하면 '새'가 작은 악기인 플루트로 묘사되고, '코끼리'

가 커다란 악기인 더블베이스로 묘사된 점이 정말 자연스럽기 때문이다. 세상의 작은 생물은 모두 높은 소리로 운다. 새나 쥐나 모두 그렇다. 이와 마찬가지로 커다란 몸집의 씨름 선수가 낮은 목소리로 노래를 하고, 커다란 코끼리가 낮은 소리로 어슬렁어슬렁 걷는 모습은 누가 봐도 납득할 수 있는 장면이다.

이 〈코끼리〉를 연주하는 악기인 더블베이스는 현악기 중에서 가장 크고 가장 낮은 음을 담당한다. 이 악기의 높이는 대략 2미터에 이른다. 보통 사람보다 키가 크다. 이 정도로 큰 악기를 운반하려면 보통 일이 아니겠는걸? 당연히 이런 생각이 들 것이다. 사실 이 악기의 연주자는 악기를 옮기는 데 고생이 많다. 하프(높이가 대략 1.8미터 정도)보다도 키가 크다. 전철에서 이 악기를 옮기려 한다면 옆사람의 차가운 시선을 견뎌야 한다. 더블베이스를 들고 전철을 탈 때 더블베이스 연주자는 별도로 악기용 승차권을 구입한다. 그래서 차가운 시선을 받을 이유가 전혀 없지만 더블베이스 연주자는 달리 항의하지 않는다(항의를 한다면 더 차가운 시선이 되돌아올 뿐이므로). 잘못은 아무것도 모르는 우리가 하고 있는데도 말이다.

첼로를 든 사람도 비행기를 탈 때에는 첼로용 1인 좌석 탑승권을 구입한다. 엄연한 승객인 것이다. 하지만 주변 시선은 차가울 것이다. 이러한 시선과 마주치는 음악가는 첼리스트, 더블베이스 연주자, 튜바 연주자 등 대형 악기를 연주하는 사람들뿐이다. 이들은 분명 플루트 연주자나 클라리넷 연주자가 부러울지도 모른다.

앞에서 말했듯이, 인간의 귀는 높은 음일수록 더 잘 듣기 때문에 이처럼 낮은 음을 가진 더블베이스의 음은 잘 들리지 않는다. 아니, 귀에 음이 도달하기는 하지만 낮은 음의 피치는 훈련된 귀가 아니면 좀처럼 판별하지 못한다. 따라서 더블베이스의 음은 좀처럼 멜로디로 들리지 않는다. 이 때문에 더블베이스가 멜로디를 담당하는 곡은 매우 드물다.

그러나 전혀 없지는 않다. 앞에서 말한 생상스의 〈코끼리〉와 같은 곡이나, 베토벤의 9번 교향곡 4악장의 유명한 〈환희의 노래〉는 독창 솔리스트나 코러스보다도 먼저 더블베이스의 연주로 시작된다. 이는 엄청난 영예다. 멜로디 메이커인 베토벤의 진면목이 유감없이 발휘되는 유명한 대목(전세계 사람들이 알고 있는)이 저음 악기로 낭랑하게 연주되는 모습은 그것만으로도 감동이다.

오케스트라 연주자는 어떤 사람들?

세상에 음악을 연주하며 알리는 사람은 프로든 아마추어든 셀 수 없을 만큼 많지만 오케스트라 연주회 무대에 오르는 바이올리니스트, 플루티스트, 트럼펫 연주자들만큼 특별한 사람들도 없을 것이다.

"응? 어떻게 특별하다는 거야?"

다시 말해 오늘 악기를 배우기 시작했다고 해서 내일 갑자기 오케스트라 연주자가 될 수 있는 것은 아니라는 말이다.

"하지만 어떤 음악을 하든 마찬가지 아닌가? 기타를 좀 칠 줄 안다고 해서 갑자기 싱어송라이터가 될 수 없다는 것은 누구나 알고 있을 텐데……."

그러나 이 오케스트라 연주자라는 지위를 얻기 위해 필요한 훈련이나 거기에 소요되는 시간은 상상 이상이다. 그 시간을 몇 년 이상이라고 일률적으로 한정하는 것은 물론 불가능하지만, 어려서부터 선생님에게 레슨을 받으면서 매일 반복적으로 훈련한 다음, 엄중한 오디션을 거쳐 통과한 사람만이 얻을 수 있는 지위인 것이다. 즉 오케스트라 연주자라는 직업은 클래식 연주가 중에서도 엘리트 중의 엘리트라고 해도 지나친 말이 아니다.

음악대학을 졸업하면

음악대학이나 이에 준하는 교육기관이 얼마나 되는지 정확한 수는 잘 모르지만 이곳에서 매년 몇백 명, 몇천 명이나 되는 사람이 졸업생으로서 세상에 배출되는 것만은 확실하다. 일반 대학이라면 어느 기업에 취직할지를 두고 모두들 취업활동에 혈안이 되겠지만, 음악대학 졸업생은 처음부터 선택지가 그리 많지 않다. 오케스트라의 오디션을 볼지, 스튜디오 뮤지션으로서 녹음활동을 중심으로 한 연주자가 될지, 혹은 악기를 가르치는 선생님이 될지, 결혼식이나 파티에서 연주하는 연주자가 될지 정도의 선택지뿐이다(이조차할 수 없는 사람은 음악과 전혀 관계없는 기업에 취직하거나 유학을 선택한다). 물론 수준 향상을 위해 해외 유학을 선택하는 사람도 적지 않지만.

더구나 이 중에 취직이라고 할 만한 것은(월급을 받을 수 있다는 의미에서) 오케스트라 연주자밖에 없다. 스튜디오 뮤지션의 경우는 녹음이 있을 때마다 그 연주자를 알선하는 중개업자(인페그, 인스펙터라고 한다)를 통해 연락을 받고 일을 시작하면 보수를 받을 수 있는 '일'이므로, 매달 몇 번 연락을 받을지는 연주자와 중개업자, 편곡자 등의 '관계'가 어떠냐에 달렸다. 다시 말해 매달 얼마나 벌 수 있는지는 그 사람이 하기에 달린 매우 불안정한 일인 셈이다. 그렇더라도 음악 연주를 할 수 있다는 것만으로도 만족.

이 스튜디오 뮤지션이라는 일은 녹음 스튜디오가 집중된 대도시에만 존재하는 직업이다. 각 레코드 회사가 내는 아티스트의 앨범 레코딩, 텔레비전 방송국이 제작하는 드라마나 보도 프로그램 등의 배경음악이나 테마곡, 징글(jingle, 프로그램과 프로그램 사이에 잠깐 짧게 들리는, 곡이라고도 할 수 없는 몇 초 음악 등 미디어에서 흘려보내는 인상적인 음악의 단편을 총칭하는 밀), CM 음악, 게임 음악 등을 제작하는 작업은 대부분 대도시에 집중되어 있다. 요컨대 이러한 도시에 거주하지 않는 이상, 스튜디오 뮤지션으로 일하기는 어렵다는 것이다.

그렇다면 음악을 가르치면 생활을 할 수 있지 않을까? 그러나 그런 생각은 뭘 너무 모르시는 말씀! 초등학교, 중학교 교사가 되려면 물론 국가 교사자격증이 필요하며, 자격증을 땄다고 해도 취직할 곳이 없으면 얘기가 달라진다. 아이들이 줄어들어 현재 교사로의 길은 점점 좁은 문이 되고 있다.

그럼 연주 활동을 하면 되지 않을까 생각하는 사람도 있겠지만 세상에 연주 활동만으로 생계를 유지할 수 있는 사람이 얼마나 있을까? 때때로 라이브 활동이나 리사이틀 등의 연주를 하는 것 정도로는 생활비 마련은커녕 적자만 낳을 뿐이다. 연주를 해서 받는 보수만으로 생활을 하는, 이른바 아티스트는 사실 손가락으로 꼽을 정도다.

오케스트라의 오디션

음악대학을 졸업한 사람들은 우선 연주를 하면서 월급을 받을 수 있는 오케스트라에 취직하는 것을 최우선 목표로 삼는다. 그러나 프로 오케스트라는 한정되어 있다. 오케스트라 연주자가 되는 길은 우리가 생각하는 것보다 훨씬 더 혹독하다는 점만은 분명하다.

어려서부터 악기 레슨을 받으면서 다른 아이들이 밖에서 놀기 바쁠 때 오직 집에서 열심히 악기 연습을 반복해 온 사람들은 하나같이 오케스트라의 오디션을 목표로 삼는다. 그 경쟁률은 탤런트 오디션보다도 높으며 국영방송국의 드라마 주역 오디션에 지지 않는 난이도라고 말할 정도다.

이 오디션에서 무엇을 시험하고 무엇을 요구하는지는 간단하다. 오케스트라란, 수백 년이라는 클래식 음악의 역사를 거치는 동안에 많은 작곡가들이 작곡한 곡과 현재 작곡되어 연주되는 현대음악, 영화음악, 팝 등 어떤 음악 작품이라도 그 자리에서 연주하여 청중을 즐겁게 할 수 있을 정도의 기술 능력을 가진 연주자들의 집합체다. 눈앞에 어떤 음표가 제시되더라도, 어떤 어려운 기교를 구사해서라도 그 자리에서 연주할 수 있는 능력이 필요한 직업인 것이다(스튜디오 뮤지션이든 프로 오케스트라 단원이든 처음 본 곡을 연주할 수 있는 능력이 필요하다). 오디션에서는 그러한 능력과 그 오케스트라에 어울리는 음색을 가진 연주자인지 아닌지를 시험한다.

오디션에서 연주해야 하는 과제곡은 나라에 따라, 각 오케스트라에 따라 다르지만 그 악기의 솔로곡과 실제 오케스트라 곡 중 각 악기의 파트가 과제곡인 경우가 많다.

그럼 단원은 누가 어떤 식으로 선발하는 걸까?

옛날에는 그 오케스트라의 카리스마적 인기를 자랑하는 상임 지휘자가 독선적으로 선발하는 경우가 많았기 때문에 단원이나 사회로부터 비민주적이라는 비판이 있었다(푸르트벵글러, 헤르베르트 폰 카라얀과 같은 역사상 명지휘자에게 늘 이러한 소문과 비판이 따라다녔다). 오늘날에는 세계 대부분의 오케스트라 오디션은 단원 전원의 투표와 최종적으로 그 악기 섹션 멤버의 투표(바이올린이라면 바이올리니스트의 투표, 플루트라면 플루티스트와 목관악기 전원의 투표)로 결정되는 경우가 많으며, 일반 기업과 마찬가지로 몇 개월간(3개월 정도가 많다)의 인턴 기간을 거쳐 본채용을 할지 여부를 다시 투표로 결정하는 시스템을 거치고 있다.

매일 연습만 할까?

그럼 이렇게 어려운 관문을 통과해 오케스트라 연주자가 된 엘리트 연주자들은 매일 어떤 생활을 하고 있을까?

공연이 없는 날에는 매일 연습만 하는 걸까? 공연은 한 달에 몇 번 정도 있을까? 오케스트라 활동 외에도 아르바이트를 하는 걸까?

이런 의문을 가진 사람도 있을 것이다. 그러나 각 오케스트라의 경영 방침이나 실제 일의 종류에 따라 각자 다르며, 일괄적으로 이렇고 저렇다고 잘라 말하기가 곤란하다.

오케스트라의 일은 크게 두 종류로 나뉜다고 할 수 있다. 하나는 오케스트라 자체가 위험 부담을 안지 않는, 클라이언트가 있는 일이다. 다시 말해 오케스트라가 다른 곳으로부터 의뢰를 받아 하게 되는 일이다. 또 하나는 모든 위험 부담을 오케스트라가 떠안는 자체 공연(이를 정기 연주회라고 부른다)이 있다.

오케스트라에서 직접 티켓, 포스터 제작, 그밖에 이런저런 공연과 관련된 금전적 위험을 떠안지 않는 일은 통상 '영업' 혹은 '의뢰 공연'이라고 부른다. 영업사원이 발품을 팔아 획득한 일이기 때문이다(실제로는 그렇지 않은 경우도 많지만). 영업이라고 해도 큰 기업이 의뢰한 일에서부터 시설이나 학교를 순회하거나 학교가 주최해 진행하는 '오케스트라 교실'과 같은 일까지 다양하다. 따라서 이에 대한 오케스트라 측의 입장도 다양하다. 자치단체에서 주관하는 오케스트라의 경우에는 자연히 교육 관련 일이 많을 것이다. 방송국 등에서 주관하는 오케스트라의 경우에는 이와 또 다른 종류의 일도 많을 것이다. 이와 같은 영업의 종류와 수는 각각의 경영 기반과도 크게 관련되어 있다.

그 중에는 공연장과 연계하여 '아이들을 위한 오페라 교실'과 같은 것을 적극적으로 추진하는 오케스트라도 있다. 아무리 아이들을 위한 오페라 입문이라도 세트나 의상, 그밖의 준비가 필요한 오페라에는 공연장 측의 협조가 무엇보다 필요하다.

의외라고 여길지도 모르지만, 이러한 영업 일에 누가 참여하고 누가 참여하지 않는가에 따라 각 단원들의 일하는 정도도 달라진다.

"어? 그럼 오케스트라 단원이라도 오케스트라의 모든 일에 참여하지 않을 수도 있는 거야?"

그렇다. 모든 일에 모든 단원이 참여할 필요는 없다.

곡의 편성에 띠리 단원 이외의 연주자가 따로 충원되는 경우도 있으며, 이와 반대로 쉬는 단원이 많은 곡도 있을 수 있다. 모든 일이 곡의 선정, 즉 프로그램이 어떻게 편성되느냐에 달려 있다.

한편 '정기 연주회'라는 이름의 자체 공연은 기본적으로 오케스트라의 경영 방침이며 기업의 정체성과도 같은 것이다. 그러므로 이를 위한 리허설에 다른 공연보다 훨씬 많은 에너지를 집중하는 오케스트라가 많다(정기 연주회를 위한 리허설을 3일에서 5일 정도 할애하는 경우가 대부분이다). 다시 말해 이 정기 연주회야말로 오케스트라가 심혈을 기울여 팬들에게 들려주고자 하는 연주인 것이다. 따라서 이 정기 연주회에는 단원 전원 참가가 원칙이며 단원들도 연습에 온 힘을 쏟는다(그렇다고 다른 공연은 적당히 한다는 의미는 아니지만).

단원의 스케줄

모든 단원들이 매일 리허설이나 공연을 앞두고 있는 것은 아니다. 물론 오케스트라 자체가 얼마나 바쁜가에 따라, 그리고 악기의 필요도에 따라 달라서 단원들은 대학 강사를 겸하는 경우도 많고, 개인적으로 제자에게 레슨을 하는 사람도 많이 있다. 또한 오케스트라의 공연 횟수는 평균적으로 한 오케스트라당 연간 130회 전후다. 여기에 리허설까지 하면 오케스트라 단원들은 상당히 바쁜 생활을 한다.

따라서 오케스트라 단원과 스튜디오 뮤지션을 겸할 수 없다. 겸할 수 없다는 의미는 오케스트라에서 금지시켜서가 아니라 현실적으로 어렵다는 의미다. 스튜디오 녹음이라는 일은 한 달 전부터 스케줄이 정해져 있는 것이 아니라 어느 날 갑자기 "내일모레 어디어디 스튜디오에 몇 시까지 오실 수 있나요?"라는 형태로 일을 의뢰받는 경우가 많기 때문이다. 일이 들어오면 언제든 즉시 투입될 수 있도록 만반의 태세를 갖추고 스케줄을 비워두어야 하는 스튜디오 뮤지션과, 이미 몇 개월 뒤까지 스케줄이 정해진 오케스트라 단원은 생리적으로 달라서, 이 두 일을 함께 하는 것은 어려운 일이다.

제2차 세계대전 전이나 직후까지 스튜디오 뮤지션은 전문직이 아니어서 오케스트라 단원이나 빅 밴드의 단원이 아르바이트로 여기며 겸업하던 때도 있었다. 녹음 일이 지금만큼 많지 않았기 때문에 그러한 상황이 당연했을 것이다. 물론 지금도 오케스트라 단원이 스튜디오에 불려가서 연주하는 일이 전혀 없지는 않다. 모든 일은 스케줄이 어떠냐에 달려 있다.

오케스트라 연주자는 클래식 음악을 연주한다는 원래의 목적에서 볼 때 이보다 좋은 지위는 없을 것이다. 그러니 이제부터 오케스트라 연주회에 갈 때에는 "아, 저 사람들은 모두 엘리트 중의 엘리트구나"라는 생각을 하면서 단상의 연주가들을 바라보게 되지 않을까? 그렇다고 해서 엘리트라는 지위가 늘 '좋은 연주'를 보증해 주는 것은 아니라는 점이 음악의 어려움이기도 하지만.

오케스트라 음악은
어떻게 만들어질까?

연주 프로그램의 의미

지금까지 오케스트라 연주회 무대에 어떤 악기가 오르는지, 어떤 사람들이 관련되면서 연주회가 만들어지는지에 대해 설명했다. 이제부터는 연주회의 내용에 대해 알아보기로 하겠다.

우리가 오케스트라 음악을 들으러 연주회에 가면, 대개 그날의 연주 곡목이 적힌 프로그램을 받는다(사야 하는 경우도 있다). 그런데 프로그램에 적힌 여러 작곡가의 이름과 곡 타이틀, 곡목 해설 등을 아무리 열심히 읽어도 좀처럼 요령부득에서 벗어나지 못한다.

요컨대 음악의 이미지가 전혀 잡히지 않는 것이다. 아마도 이러한 감각은 오케스트라 연주회 초보자에게는 종종 일어나는 일일 것이다.

연주회에 해설이 필요할까?

이와 같은 청중의 불안한 마음을 해소시킬 방법은 없을까? 오케스트라 멤버나 지휘자가 아닌 누군가가 연주회 단상에 올라 프로그램을 해설해 준다면 얼마나 좋을까? 하지만 그러한 형식의 연주회 스타일은 어쩌다 열리는 명곡 연주회나 특별 이벤트 연주회 이외에는 그리 접할 기회가 없다.

클래식 음악은 본래 유럽에서 태어나고 자란 전통음악 중 하나다. 따라서 우리에게는 클래식 음악이 아직 거리감 있게 느껴지는 것이 당연하며, 클래식을 아무런 저항 없이 받아들이기 위해서는 우리의 정신과 신체 모두에 많은 지식과 감성이 채워져야 한다(고 나는 생각한다).

어찌 보면 이는 수험 준비와 비슷해서, 단순한 지식만을 채워 베토벤이 태어난 해라든가 바흐가 사망한 해라든가 작품 이름만 기억하면 음악을 이해한 것으로 오해할 소지가 많다.

음악이란 소리를 통해 소통을 하는 것이다. 그러므로 가능한 한 음악이 실제로 흐르는 현장, 즉 라이브 콘서트가 열리는 곳에서 "음음, 그렇구나" 하며 청중 한 사람 한 사람이 이해하고 감각적으로 납득하는 것 외에는 음악을 친근하게 느낄 방법은 없다.

이렇게 볼 때 연주회장에서 음악에 대한 해설을 하는 것은 콘서트 진행이나 분위기에 전혀 방해가 되지 않을 것이다. 프로그램의 해설만으로 모든 청중에게 "음악을 이해해 주세요"라고 전하는 방식은 관료적이고 무례한 태도가 아닐까?

"해설이 들어간 연주회라니 유럽에서 그런 연주회는 본 적이 없다"고 말하는 사람도 있을 것이다. 그러나 서양 음악을 천 년 가까이 들어온 유럽인과 고작 백 년 조금 넘게 들어온 우리를 똑같이 생각하는 것 자체가 무리 아닐까?

따라서 이제 오케스트라 연주회의 프로그램을 보는 방법과 이해하는 방법에 대해 설명하고자 한다.

연주회와 코스 요리

배고플 때 급히 스테이크를 구워 먹고 "와, 배불러"라고 한다면 너무 원시적인 식사 문화다. 그것이 나쁘다는 것은 아니지만 바비큐라는 조리법은 인간에게 가장 원시적인 식사법으로, 식사 문화로서는 미성숙한 방법이다.

문화인류학자 클로드 레비스트로스는 우리 인간이 문화를 가졌다는 증거는 식사 예법과 다양한 조리법에 있다고 말했다. 그의 말처럼 식사 예법과 조리법은 문명 발전을 가늠하는 하나의 척도다. 마찬가지로 음악 감상의 방법 혹은 음악을 만드는 방법 역시 분명히 우리의 생활 문명도를 보여주는 것이다.

그런 의미에서 오케스트라 연주회의 프로그램도 전채요리로 시작되어 수프나 샐러드, 사이드 디시, 그리고 메인 디시로 이어지는 코스 요리의 흐름과 마찬가지가 아닐까 생각한다(그렇다면 앙코르 곡은 디저트인 셈?).

전채요리는 사실 아주 손이 많이 가는 요리인데, 식욕을 돋울 수 있게 보기에도 좋아야 하고 맛도 산뜻해야 한다. 그렇다면 연주회도 첫 곡목에 돌연 교향곡이 들어가서는 안 될 것이다. 어느 시대의 작곡가 곡을 막론하고 교향곡은 가장 묵직한 음악이기 때문이다.

그리고 교향곡을 전채요리로 낼 수 없는 가장 큰 이유는 곡의 길이 때문이다. 전채요리를 30분, 40분 걸려도 다 먹을 수 없다면 그것으로 식사 자체가 끝나고 말 것이다. 교향곡이란 것은 대개 4악장 정도의 각각 다른 섹션의 집합체이므로, 아무리 짧아도 15분에서 20분은 걸린다. 긴 곡일 경우에는 1시간도 넘는다. 이런 곡을 프로그램의 첫 곡으로 들려주는 것은 다음 곡을 들을 기력을 완전히 빼앗아 버리는 일이 되지 않을까?

첫 곡은 전채요리

따라서 통상 오케스트라 연주회의 첫 곡은 소품이나 고전 중 규모가 작게 편성된 곡, 혹은 현대곡 중 짧은 작품인 경우가 많다. 예를 들면 고전주의 작곡가 중 한 사람인 모차르트의 〈아이네 클라이네 나흐트무지크〉라는 작품이 프로그램의 첫 곡이라면 문제될 것이 없지만(이 곡은 누구나 알고 있는 곡인데다가 시간도 그리 길지 않다), 아무도 모르는 현대곡이 첫 곡으로 나오면 곡 내용에 따라 "내가 잘못 왔나?"라고 생각하거나 "이 곡, 언제 끝나나?"라고 생각하는 사람까지 나올지도 모른다.

현대곡이란 것이 클래식 음악에서는 다소 이질적인 음악이라는 점을 우선 이해할 필요가 있다. 수백 년 전부터 수십 년 전에 세상을 떠난 작곡가들의 음악이 대부분인 클래식 음악 연주회에서, 현재 우리와 동시대를 사는 작곡가들의 작품은 어떤 음악일지 예측할 수 없는 경우가 많기 때문이다. 이미 수차례 연주되어 좋다거나 싫다는 사람들의 평가가 나와 있는 음악 작품이라면 우리도 어느 정도 마음의 준비를 하고 연주회에 가게 되는데, 현대곡은 아직 한 번도 들어본 적이 없는 곡이 대부분이다. 그래서 듣기 전부터 청중은 "어떤 음악일까? 너무 어려운 것은 아닐까? 제대로 이해할 수 있을까?"라는 생각에 긴장을 하게 된다.

사실 이 역시 요리와 크게 다르지 않다고 생각하면 좋을 듯싶다. 요리도 창작 요리를 할 때가 있기 마련이어서 지금까지 한 번도 먹어본 적 없는 진기한 요리가 코스에 들어 있기도 하다. 그럴 때 "어, 의외로 맛있네?"라든가 "좀 별로인데" 하며 고개를 갸웃하는 등 요리의 내용에 따라 반응이 달라진다. "맛있다" 혹은 "이상해"라는 평가는 요리사의 솜씨에 달렸다. 현대곡도 이와 마찬가지라고 생각하면 조금은 마음이 편안해질 것이다.

다시 말해 곡을 들은 다음에 "지루해" 혹은 "괜찮네"라고 평가하는 데 대한 모든 책임은 작곡가, 오케스트라, 지휘자에게 전가하면 된다. 먹어본 요리가 "맛없다"는 것은 결코 먹은 사람의 책임이 아니라 요리한 사람의 책임인 것이다. 이렇게 생각하면 듣도 보도 못한 현대곡도 그리 두렵지 않을 텐데, 아무래도 클래식 연주회에서 작품에 대해 잘 모르는 것은 자신의 이해도가 낮아서라고 아무 죄 없는 자신을 책망하는 사람도 많다.

여하튼 프로그램의 첫 곡은 관객의 마음을 사로잡을 수 있을지 없을지를 결정하는 가장 중요한 대목이다. 오케스트라는 각 프로그램의 첫 곡에 무엇보다 신경을 쓰고 있다.

두 번째 곡은 수프와 샐러드

코스 요리에서 전채요리 다음에 나오는 것은 수프 혹은 샐러드 일 것이다.

오케스트라의 프로그램은 작품을 오래된 곡부터 새로운 곡으로 연대순으로 표기하는 경향이 있다. 따라서 앞에서 예시한 모차르트 의 작품이 제일 처음에 온다면 그 다음에는 낭만주의 작품이나 근 대 작품이 오는 경우가 많다. 예를 들면 낭만주의의 슈만이나 슈베 르트, 브람스 같은 작곡가들의 작품, 혹은 드뷔시나 라벨, 포레 등의 근대 작곡가들의 작품이 여기에 해당한다. 다만 이들 관현악 작품 이 수프나 샐러드에 적당한지 아닌지는 곡의 내용에 달렸다고 할 수 있다. 역시 여기서 작품의 길이가 주요 열쇠가 될 것이다.

브람스는 관현악 작품을 많이 남겼다. 교향곡도 4개나 남겼다. 그 러나 브람스의 교향곡은 성격이나 길이로 볼 때 상당히 묵직한 곡 이어서 '메인 디시'로 적당하다. 슈만도 마찬가지다. 특히 그의 관현악 작품은 브람스보다 훨씬 묵직한 것으로 평가받는 경우가 많다.

전채요리 다음으로 오는 음악 작품으로는 드뷔시나 라벨, 포레, 레스피기, 림스키코르사코프 등의 관현악 작품이 가장 적당할 것이다. 왜냐하면 드뷔시, 라벨, 포레, 레스피기와 같은 작곡가들은 모두 보증받은 훌륭한 편곡자들이기 때문이다. 아무리 바이올린 곡 작곡이 뛰어나도(파가니니처럼), 아무리 피아노 곡 작곡이 뛰어나도(쇼팽처럼), 아무리 오르간 곡의 작곡이 뛰어나도(바흐처럼), 오케스트라 작품은 편곡 능력(곡 중에서 멜로디는 이 악기로, 이 리듬은 저 악기로 하는 식으로 악기를 효과적으로 배당하여 그 곡의 이미지를 최대한 표현할 수 있는 능력)이 결국 모든 것을 말해준다. 오케스트라 작품은 많은 악기의 매력과 능력을 충분히 끌어내야 하기 때문이다. 그런 작품이 있어야 우리는 연주회에서 감동을 느낄 수 있다.

말하자면 셰프에게 다양한 소재의 맛과 매력을 끌어낼 수 있는 능력이 필요하듯, 다양한 맛과 매력을 끌어내 우리기 음악을 즐길 수 있게 해주는 것이 바로 작곡가의 능력, 그리고 지휘자와 오케스트라의 능력이다.

러시아의 작곡가 무소르크스키가 작곡한 〈전람회의 그림〉이라는 관현악곡이 있는데, 이 곡이 유명해진 것은 라벨이 무소르크스키의 오리지널 피아노 곡을 오케스트라 곡으로 편곡한 이후부터다. 피아노 곡을 오케스트라 곡으로 편곡하는 것은 편곡자의 일이다. 피아노와 편곡 모두 잘했던 작곡가 프란츠 리스트는 오히려 베토벤의 교향곡을 전곡 피아노 곡으로 편곡했다(이러한 사람이 있어서 세상 사람들이 베토벤이라는 작곡가의 존재를 잘 알게 되었다). 어느 쪽 일이 더 어렵다고 말할 수는 없으나 라벨의 편곡 능력은 리스트 이상으로 뛰어났다고 정평이 나 있었다. 오늘날 언급되는 존 윌리엄스나 엘머 번스타인, 엔니오 모리코네 등의 영화음악 작곡가의 일이 이에 필적하는데, 어쩌면 라벨의 능력은 이와 같은 영화음악 작곡가 어느 누구보다도 높았던 것으로 보인다.

아무튼 편곡이 훌륭한 작곡가의 작품은 우리 청중이 편안하게 안심하고 들을 수 있다. 샐러드나 수프처럼 스윽 우리 입으로 빨려들어가 위에서 부드럽게 소화될 수 있는 곡은 지금 예로 든 라벨, 드뷔시, 레스피기, 포레, 림스키코르사코프처럼 편곡이 훌륭한 작곡가들의 작품에 많다.

세 번째 곡은 무게감 있는 곡

그럼 이제 마침내 메인 디시가 나올 차례다.

"어라, 이봐요? 사이드 디시가 빠졌어요" 하는 목소리가 들리는데, 사실 무엇을 사이드 디시로 하고 무엇을 메인 디시로 할지는 그 요리의 컨셉트에 달려 있다. 고기를 메인으로 하고자 하면 생선 요리는 당연히 사이드 디시가 된다. 구이를 메인으로 하면 조림은 사이드가 되는 식으로, 사이드가 될지 메인이 될지는 그때 그때의 구성에 따라 다르다. 여기서 말하는 메인 디시 후보로 들 수 있는 몇몇 작품에 대해 생각해 보자.

아니, 생각까지 해볼 필요가 없다. 여기까지 이야기를 이끌어오는 과정에서 연주회의 메인 디시는 교향곡처럼 연주 시간이 길고 어느 정도 배를 채울 수 있는 무게감 있는 작품이라는 것은 몇 차례 언급했다. 여기서는 그 실제 예를 들어보기로 하겠다.

프로그램의 첫 곡과 마지막 곡

예를 들면 이런 프로그램으로 막을 올린 연주회가 있다고 가정하자.

> 1) 모차르트의 오페라 〈피가로의 결혼〉 서곡
> 2) 슈베르트의 극 부수음악 〈로자문데〉 서곡
> 3) 라벨의 〈볼레로〉

아마 여기까지가 프로그램의 전반부로, 여기 〈볼레로〉가 끝난 시점에 연주회는 휴식에 들어갈 것이다.

1)의 모차르트 곡이 5분, 2)의 〈로자문데〉가 10분, 그리고 3)의 〈볼레로〉가 15분. 곡의 길이도 조금씩 길어지고 작품의 연대도 조금씩 현대에 가까워진다. 오케스트라 연주회 프로그램으로서는 이상적인 구성일 것이다. 더구나 어느 곡이든 청중이 듣는 순간 흥얼거릴 수 있는 멜로디의 음악들이다.

"클래식 음악은 흥얼거릴 멜로디가 없어서 다가가기가 어렵다"

는 사람이 있지만 그렇지 않다. 어느 곡이든 멜로디가 있는데 곡이 길어서 다 기억하지 못할 뿐이다.

모차르트의 곡이라면 〈아이네 클라이네 나흐트무지크〉 정도밖에 듣지 못한 사람이라도 쉽게 즐길 수 있는 〈피가로의 결혼〉 서곡은 실로 모차르트다운 경쾌하고 흥겹고 상쾌함으로 가득 찬 곡이다. 그래서 이 곡을 연주회의 시동을 거는 곡으로 선택하는 오케스트라도 많다.

두 번째 곡 슈베르트의 〈로자문데〉의 멜로디 역시 모두가 "아! 아는 곡이야, 아는 곡!" 할 만한 작품이어서, 이쯤에서 연주회의 초보자인 관객도 "오케스트라 곡이 의외로 재미있네!"라는 생각이 들기 시작할 것이다. 여기에 라벨의 〈볼레로〉가 굳히기에 들어간다.

〈볼레로〉는 본래 라벨이 러시아의 디아길레프(1872~1929년)라는 유명한 발레 안무가로부터 의뢰받아 만든 곡이어서 당연히 리듬이 역동적이다. 그러나 이 곡의 특징은 그뿐만이 아니다. 단 하나의 멜로디가 15분간, 처음에는 플루트 하나로, 다음에는 클라리넷이, 차례차례 악기가 바뀌면서 연주되며, 마지막에는 오케스트라 모든 악기의 대합주로 클라이맥스를 맞이하며 끝난다. 오케스트라에서 활약하는 각 악기의 특징을 모두 알 수 있으며 동시에 오케스트라 사운드의 묘미를 마음껏 느낄 수 있는 박력 만점의 작품이다.

이 곡은 사람을 흥분시키는 요소를 참으로 많이 가지고 있다. 템포도 대개 90 전후로 인간의 맥박 템포와 거의 같다(그래서 인간은 이 템포에 금방 빠져든다). 그리고 단순한 멜로디의 반복(인간은 단조로운 리듬의 반복 속에서 흥분하기 쉽다. 록이나 댄스 음악을 들으면 이해가 갈 것이다)으로 점점 음량을 키워가는 편곡은 오케스트라이기에 느낄 수 있는 즐거움과 매력으로 가득하다.

따라서 1), 2), 3)의 전반부를 다 들은 시점에서, 사실 그저 30분 정도 음악을 들었을 뿐인데 청중은 이미 1시간 가까이 오케스트라를 들은 듯한 충만감을 맛볼 것이다.

이와 같은 전반부가 끝나고 메인 디시에 어울리는 음악은 모차르트나 베토벤의 교향곡이 아닐지도 모른다. 왜냐하면 이들의 교향곡은 비교적 곡의 길이가 짧은데다가 편성 악기가 적은 편이어서, 라벨이 연주된 다음에 듣기에는 좀 가볍다는 인상을 줄 수도 있기 때문이다.

그래서 여기에는 4) 메인 디시로 브람스의 교향곡이나 무소르크스키의 〈전람회의 그림〉, 혹은 시벨리우스의 교향곡을 내놓으면 좋을 듯싶다.

"브람스의 교향곡은 어떤 음악인가요?"

"〈전람회의 그림〉은 들어본 적이 있지만 시벨리우스라는 작곡가는 어떤 사람이고 어떤 느낌의 작품을 작곡한 사람인가요?"

이러한 의문을 가진 사람에게는 이렇게 설명하겠다. 브람스의 교향곡은, 사랑을 하다가 배신당하지만 그러나 또 새로운 사랑을 바라는 인간의 로맨틱한 정념을 베토벤과 같은 사운드로 묘사한 작품이다. 알 듯 모를 듯 이상한 설명이라고 생각하시는 분은 "슬프고 절절하지만 아주 감미로운 멜로디로 가득 찬 장중한 오케스트라 음악"이라고 이해했으면 좋겠다.

사랑만큼 진지하면서 감미롭고 애절한 테마도 없어서 동서고금을 막론하고 클래식도 팝도 사랑을 테마로 한 작품이 많다. 브람스의 교향곡은 이러한 사랑의 달콤함과 애절함을 참으로 훌륭하게 표현한 음악이라고 할 수 있다. 낭만주의 시대의 작곡가 중에는 단순히 이미지뿐 아니라 실제 사생활에서도 드라마틱한 연애를 한 사람이 많았다. 브람스도 그런 사람 중 한 명이다(슈만의 미망인 클라라와 브람스의 연애는 유명하다. 슈만은 브람스의 스승이었다). 이러한 낭만주의 작곡가의 교향곡 중에서는 브람스의 작품이 프로그램의 대미를 장식하는 경우가 많다.

그리고 시벨리우스의 교향곡이 있는데, 이 핀란드 작곡가의 교향곡은 모두 7개가 있으며, 모두 오케스트라 연주회에서 자주 연주되고 있다.

교향시 〈핀란디아〉라는 작품이 시벨리우스의 음악 중 가장 유명한데, 일반적으로 그의 음악은 들어보면 다소 빠져들기 어려운 점이 있다. 그러나 현대음악에서 느끼는 어려움이 아니라, 브람스와는 달리 '차갑고 냉정한 음악'으로 받아들여지는 경우가 많기 때문이다. 사랑 그 자체가 테마인 브람스의 음악과는 달리, 시벨리우스의 음악은 마치 교회 안에서 듣고 있는 듯한 정숙하고 장엄한 분위기를 갖고 있다. 그 주된 원인은 시벨리우스가 평소에 도레미파 음계보다 중세 가톨릭교회의 찬미가였던 그레고리오 성가 시대의 교회 선법(旋法, 모드) 음계를 자주 사용했기 때문이다.

핀란드의 차가운 공기와 중세 교회의 장엄함이 어우러져 일대 오케스트라 사운드를 만들어내는 시벨리우스의 교향곡을 연주회의 가장 마지막에 들으면, 〈피가로의 결혼〉에서부터 〈볼레로〉를 들으며 고조되었던 마음이 분명 진정될 것이다. '기도'에 가까운 장엄함을 가진 시벨리우스의 음악은 치료 효과를 지녔다.

이와 같은 방법으로 오케스트라 프로그램이 구성되는데, 방대한 클래식 음악의 레퍼토리에 대해서는 이 정도로 이해하고, 이제 오케스트라를 이끄는 지휘자는 과연 어떤 일을 하고 어떤 역할을 담당하는지에 대해 다음 장에서 살펴보고자 한다.

5장

지휘자가
하는 일은?

오케스트라의 연주를 들으며 생각나는 아주 단순한 질문.

"오케스트라 멤버는 모두 지휘자를 바라보면서 연주할까?"

"지휘자도 연주자처럼 틀릴 때가 있을까?"

"지휘자는 템포를 맞추는 것 외에 어떤 역할을 할까?"

일반 청중에게 오케스트라 연주자는 평소에 어떤 생각을 하고 어떤 생활을 하는지 전혀 상상도 할 수 없는 미지의 세계에 있는 듯하다. 그런데 지휘자라는 존재는 이보다 훨씬 더 거리감이 느껴지는 신비로운 세계에 있다고 할 수 있다.

오케스트라의 연주자 한 사람 한 사람이 진정 뛰어난 연주 능력을 가진 일류 연주자라는 점은 초보자라도 알 수 있지만, 그렇다면 지휘자에게는 과연 어떤 능력이 필요한지, 어떤 사람이 지휘자가 되는지에 대해서는 일반 청중이 다 알 수가 없다.

지휘자의 자질, 지휘자가 되기 위한 조건은 과연 무엇일까?

템포감

지휘자에게 요구되는 최우선 능력은 시간 관리 능력, 즉 템포감
이다. 곡이 어느 정도의 속도로 어느 정도의 시간 안에 연주되어야
하는지를 파악할 수 있는 능력이라고 해도 좋을 것이다. 지휘자에
따라 작품의 속도나 시간의 이미지는 이미 형성되어 있다. 아니, 작
품의 세세한 해석 등등이 모두 이 템포감에서 출발한다고 해도 지
나치지 않다. 실제로 지휘자에 따라 템포는 상당히 다르다. 이는 각
지휘자의 그 곡에 대한 전체상, 즉 이미지가 각각 다르기 때문이다.

베토벤이 살아 있던 시대에 멜첼(1772~1838년)이 메트로놈을 발
명한 이래, 템포 기호는 ♩ = 80 혹은 ♩ = 120 하는 식으로 구체적으
로 1분간 어느 정도의 박자로 진행할 것인지 속도를 표시하게 되
었는데(현재는 BPM = 120도 등장했다. BPM = beats per minute), 이 이전의
음악에서는 모데라토(보통 빠르기), 아다지오(느리게, 천천히), 알레그
로(빠르게)와 같이 애매하게 표현했다. 그리고 그때 속도의 기준이
된 것이 인간의 맥박 속도, 즉 심장 고동의 속도였다. 심장 고동은 인
간의 체내 리듬의 기본이어서, 모데라토란 ♩ = 80~90 정도로 인간
의 맥박에 가까운 숫자를 나타낸다. 그리고 이보다 느린 템포는 실
제로 느리다고 느끼기 때문에 아다지오라고 하며, 모데라토보다 빠
르다고 느끼면 알레그로이다.

지휘자는 곡을 시작하기 전에 이 템포감을 순간적으로 감지해 오케스트라 멤버 전원에게 지휘봉으로 전달할 필요가 있다. 이것이 우선 지휘자가 갖춰야 할 필요조건 중 하나. 그리고 다음으로 필요한 조건은 총보를 파악하는 능력이다.

총보를 읽고 해석하는 능력

앞에서 설명했듯, 총보란 곡의 모든 연주자의 모든 음부호가 적힌 악보를 말한다. 제1바이올리니스트에게는 제1바이올린 파트의 악보, 제2바이올리니스트에게는 제2바이올린 파트의 악보 등등 각각의 멤버에게는 각자 연주하는 데 필요한 악보만 건네진다. 그런데 지휘자만은 멤버 전원의 음부호가 적힌 총보를 숙지해 두어야 한다. 현장 감독이 건물을 짓기 위한 설계도를 갖고 있지 않으면 각 부서에서 일하는 사람들에게 정확한 지시를 내릴 수 없는 것과 미찬가지로, 지휘자가 총보를 제대로 읽고 이해하지 못하면 연주할 음악을 적확하게 지시할 수 없다. 다시 말해 총보는 음악의 설계도인 셈이다.

각 악기 연주자는 모두 나름대로의 높은 연주 능력을 보유한 사람들이므로 지휘자가 없어도 음악을 연주할 수 있지 않을까?

이렇게 생각하는 사람도 있을 것이다. 사실 오케스트라에 지휘자가 없는 시대도 있었으며 건반악기 연주자가 지휘자를 대신한 시대도 있었다. 지금도 지휘자가 없으면 연주회가 불가능한가 하면 그렇지만도 않다. 지휘자 없이 오케스트라가 연주를 하는 경우가 전혀 없지도 않다. 그러나 지휘자의 역할은 매우 크다.

왜냐하면 오늘날의 오케스트라는 100명에 가까운 음악가 집단이기 때문이다. 100명이나 되는 사람이 있으면 100가지 생각이 있기 마련이다. 100명의 연주자가 있다는 것은 100가지의 음악의 이미지가 있다는 것을 의미한다. 이를 하나로 조화를 이루어내지 못하면 오케스트라는 음악을 연주할 수 없다. 모두가 자기주장만 한다면 누구 주장이 옳은지 명확해지지 않기 때문이다. 그래서 오케스트라 전체를 하나의 이미지로 정리해 가는 역할자로서 지휘자가 필요한 것이다.

베토벤의 교향곡에서 이 악장의 템포는 이 정도로 하고, 여기는 이 정도의 음량으로, 여기에서는 이 정도로 조용하게 연주하고, 여기서 트럼펫이 나오면서 장렬한 클라이맥스를 맞이한다……. 이와 같은 이미지를 악보를 통해 읽어낸 지휘자가 그 이미지를 단원들에게 전달한다. 이러한 이미지로 연주하지 않는 연주자에게는 지시한 이미지대로 연주하도록 적절하게 전달한다.

그 예들을 구체적으로 살펴보자.

총보를 통해 이미지 간파하기

베토벤의 교향곡 5번 〈운명〉(악보 2)의 '웃 바바바 바~암'. 세상 누구나 다 아는 이 멜로디.

SYMPHONIE No.5

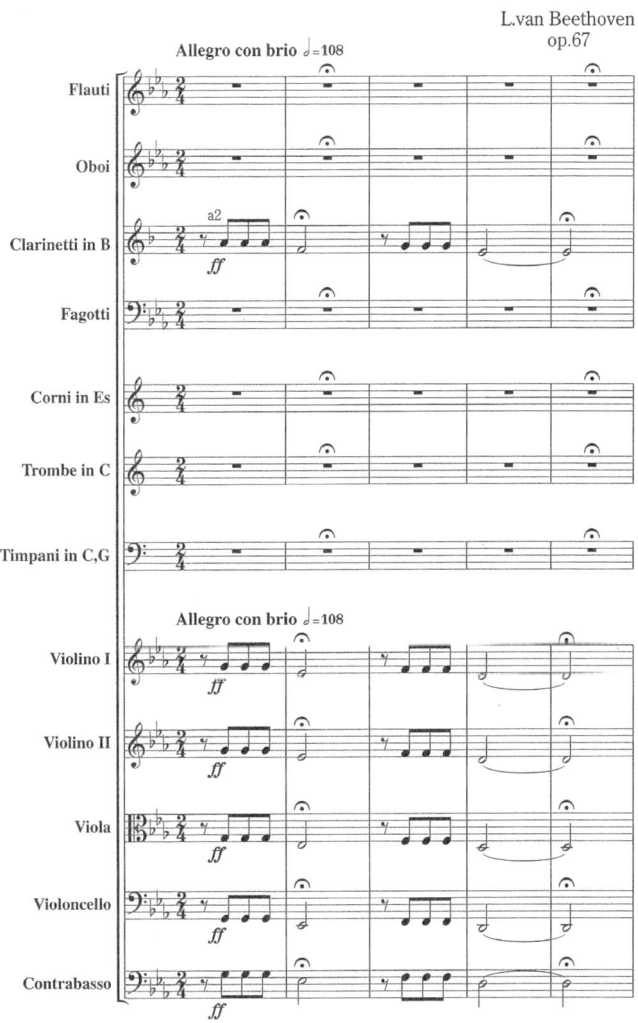

악보 2

"멜로디? 아, 이것을 멜로디라고 하는 거야?" 이렇게 생각하는 사람도 많을 것이다. 멜로디로서는 무척 짧아서, 멜로디라면 좀더 길게 흐르는 곡을 상상하는 사람이 많다. 그러나 이 역시 엄연한 멜로디의 하나. 어떤 사람은 이를 '동기'(모티브라는 대목의 단편이나 소재)라고 해서 멜로디와 구별하기도 하지만 몇 소절 이상이 멜로디이고 몇 소절 이하가 모티브라는 식의 구별은 사실 그다지 의미가 없다. 관객에게 어떻게 전달할 것인가가 문제다.

악보를 살펴보자. 클라리넷과 스트링스 섹션 모두가 같은 음으로 같은 대목을 연주한다. 유니즌(unison)이라는 형태다. 서양 음악에서는 3도나 6도 성부에서 잘 어울리는 경우가 많은데, 여기서는 클라리넷, 바이올린, 비올라, 첼로, 더블베이스가 음역의 차이는 있지만 모두 같은 음을 낸다. 그래서 힘이 느껴진다. 하지만 문제는 템포다. 앞쪽에 8분 쉼표가 있어서 '웃 솔솔솔미' 하는 식으로 미 음만을 길게 늘이도록 페르마타(늘임표)라는 기호가 붙어 있다. 이것은 "음을 마음대로 늘이세요"라는 의미이므로, 이 음을 얼마나 늘일지는 지휘자의 해석에 달려 있다.

템포는 "2분 음표 = 108"이라고 악보에 명확히 표시되어 있으므로 그대로 하면 되는 것 아니냐고 생각하겠지만, 지휘자는 기계로 템포를 측정해서 지휘봉을 움직이는 것이 아니다. '이 정도일 것'이라는 지휘자 머릿속에 있는 템포감 혹은 음악감이 그 템포를 결정한다. 더구나 첫 소절이 '웃 바바바'여도 두 소절째에 곧장 '바~암' 하고 음을 늘여야 한다. 그렇기 때문에 이 곡은 처음부터 너무 빠른 템포로 시작해서는 안 되는 것이다.

요컨대 베토벤은 이 음악 전체의 템포감(그루브감)으로서 이 템포 기호(2분 음표＝108)를 지시했을 뿐, 도입부 몇 소절의 속도까지 규정하지는 않았다. 그래서 지휘자에 따라 각기 다른 템포로 연주되는 것이다(이 대목만큼 유명하고 이 대목만큼 템포가 일정하지 않은 곡도 드물다).

아마 많은 지휘자는 이 곡의 해석을 템포 기호보다도 알레그로 콘 브리오(Allegro con Brio)라는 악상 기호에 의지하고 있을 것이다. 알레그로라는 것은 '빠르게' 또는 '활기차게'라는 의미인데, 여기에 다시 '브리오'(＝불, 활기, 정열)라는 말이 덧붙여져 있다. 본래의 의미를 더욱 강조하는 것이므로 "이 부분은 아주 활기차게 연주해야 한다"는 것인데, 곡은 단조이며 첫 소절 역시 단조인 '솔솔솔미, 파파파레'라는 화음으로 이어져 어두운 인상으로 울려 퍼진다. 그러므로 베토벤다운 "철학적인 고뇌로 가득 찬 인생의 '운명의 문'을 두드리는 소리"라는 해설이 있는 것이며, 대부분의 지휘자는 이를 팡파르처럼 경박하게 '다다다 다~안' 하고 연주할 수 없다(여하튼 '불처럼' 정열적인 연주를 요구하기 때문이다)고 생각한다.

그리 망설이지 않아도 되는 총보

예를 하나 더 들어보겠다. 19세기 체코의 작곡가 스메타나의 〈몰다우〉(악보 3). 이 곡은 아주 긴 교향시 〈나의 조국〉의 한 악장에 불

The Moldau.

악보 3

과하지만, 이 곡만이 전세계에서 자주 연주되어 우리도 잘 아는 익숙한 명곡이 되었다.

이 곡의 처음 대목은 몰다우강의 흐름을 묘사하고 있다(몰다우는 독일어 발음이고 체코에서는 블타바라고 발음한다). 두 대의 플루트가 흐르는 듯한 선율을 연주한다(정말 강물이 흐르는 듯하다). 이 강물 흐름의 리듬을 하프의 첫 박자와 바이올린의 피치카토(현을 손가락으로 퉁기는 것)가 뒤에서 받쳐주고 있다. 이와 같은 단순한 편곡으로 시작되는 곡이지만, 앞에서의 베토벤과는 달리 '♩= 108'과 같은 템포 기호는 어디에도 표시되어 있지 않다. 하지만 이 곡은 지휘자가 누구든 그리 다르지 않은 템포로 연주된다. '대체로 이런 템포'라고 암묵의 이해를 얻은 듯 비교적 일정하다.

이것이 지휘자의 역할이 지닌 매우 흥미로운 점으로, 곡의 해석을 악보 속의 어떤 점에 초점을 맞추느냐에 따라 얼마나 해석이 달라지는가를 보여주는 좋은 예이기도 하다.

베토벤의 경우는 템포가 지정되었음에도 지휘자마다 각기 다른 템포로 연주한다. 스메타나의 경우는 템포가 지정되지 않았는데도 대부분 판에 박은 듯이 같은 템포로 연주한다. 이러한 차이는 왜 생길까?

아마 그 해답은 베토벤이라는 한 인간이 가진 모순이나 방황이 명확히 악보에 드러나 있기 때문에 지휘자도 그와 같은 망설임을 갖게 된다고 나는 생각한다. 요컨대 베토벤의 작품은 해석이 어렵다. 이에 반해 스메타나의 〈몰다우〉는 처음부터 "이 곡은 몰다우 강의 흐름을 묘사한 것"이라고, 전달하고 싶은 내용을 분명하게 밝히고 있다.

더구나 리듬은 8분의 6박자. 8분의 6박자는 민속무용에서 자주 사용하는 박자로, 이 박자를 사용하는 경우에는 작곡가가 대개 음악의 흐름과 같은 움직임을 계산해서 작곡하는 경우가 많다. 그러므로 여기서 스메타나가 사용한 16분 음표의 흐름에는 이미 음악의 이미지나 템포감이 들어가 있어서 해석의 여지가 없을 정도로 "작곡가의 의도대로 음을 낸다"는 것이다.

지휘자가 악보를 보고 "이렇게? 저렇게?" 하며 갈피를 못 잡고 망설이게 되는 작품과 그리 망설이지 않아도 되는 작품이 있다. 베토벤과 스메타나의 작품이 각각 어느 쪽에 속하는지는 굳이 말할 필요가 없으리라.

각 지휘자에 따라 다른 '읽기'

그렇지만 지휘자의 '해석'은 템포에만 국한되지 않는다. 악보 속에 적힌 '무언가'를 읽어내고, 그것을 단원들에게 어떻게 전달할 것인지가 지휘자의 가장 중요한 역할이다. 다시 한 번 요리를 예로 들어 설명해 보겠다.

여기에 요리 레시피가 하나 있다. 보통 이 레시피에 적힌 설명대로 요리를 할 것이다. 그러나 가령 같은 레시피를 이용하더라도 완성된 요리에는 당연히 '차이'가 발생한다. 맛있게 만든 사람, 그냥저

냥 만든 사람, 혹은 맛이 없어 실패한 사람. 이 '차이'는 대체 어디서 오는 걸까? 우연히 그렇게 된 걸까? 아니면 뭔가 이유가 있는 걸까?

요리를 맛있게 완성한 사람과 연주를 훌륭히 해내는 사람에게 공통된 점은 바로 뛰어난 '이미지 능력'이다. 다시 말해 요리를 만들기 전에 요리의 맛과 완성된 요리의 색이나 모양까지 이미지화 할 수 있는 사람, 음을 연주하기 전에 실제로 연주할 음악을 이미지화 할 수 있는 사람은 분명 좋은 '결과'를 도출할 수 있다. 왜냐하면 처음부터 (이미지는) '만들어져 있기' 때문이다.

지휘자의 이미지 능력이란 바로 '결과'를 만들어내는 힘이라고 할 수 있다.

총보를 읽어가면서 지휘자의 머릿속에는 음악이 울려 퍼진다. 총보를 읽는 작업은 이 '결과로서 나오게 될 음악을 머릿속에 울려 퍼지게' 하는 것이다. 악보를 보는 것만으로 그 음이 머릿속에 울려 퍼진다. 문외한인 일반인에게는 기대하기 어려운 재능일 것이다. 그러나 이러한 재능은 연주가라면 모두 가지고 있다. 악기를 연주하기 전에 그 음악의 이미지를 그려볼 수 없다면 '진정한 음악가'라고 할 수 없다.

보통 사람이라도 어떤 글을 읽으면 분명 거기에 적힌 내용의 이미지를 머릿속으로 그려볼 것이다. "A는 강아지를 데리고 산책하면서 하늘을 나는 갈매기 울음소리를 들었다"는 글이 있다면 이 글의 상황이 분명 독자의 머릿속에 구체적으로 그려질 것이다.

이와 마찬가지로 지휘자가 베토벤의 〈운명〉의 총보를 보면서 이미지로 그려내는 것은 베토벤이 적어놓은 음표 하나하나의 의미를 생각하고 베토벤의 머릿속에 울려 퍼졌던 음악을 찾는 일이다. 이는 다른 작곡가, 다른 작품이라도 마찬가지다. 작품 하나하나에는 각기 다른 '의지'와 각기 다른 '음의 의미'가 있으므로, 이를 하나하나 이미지로 그려내는 것이야말로 지휘자가 해야 할 매우 중요한 일이다. 그리고 그 이미지는 지휘자에 따라 모두 다르게 나타날 수 있다.

지휘자는 글에 적힌 단어가 아닌, 총보에 적힌 바이올린 소리, 클라리넷 소리, 호른 소리 하나하나의 '의지'와 '의미'를 읽어내 이미지를 만들어간다.

그리고 지휘자는 이러한 악보의 해석에 대해 입으로 "이렇다, 저렇다"를 단원들에게 전달하지 않는다. 모두 지휘봉과 그 지휘봉의 테크닉으로 전달한다. 이것이 지휘자의 일 가운데 중요한 또 다른 일이다.

지휘봉 테크닉과 통솔력

지휘봉이란, 지휘자의 입(혹은 말)에 해당한다.

오케스트라는 항상 지휘자 한 사람 vs. 100명의 악기 연주자 간의 관계 속에 진행된다. 이처럼 많은 상대에게 정확히 지시하고 통제하기 위해 지휘봉은 다양한 정보를 연주자에게 전달해야 한다.

가장 처음 보내는 정보는 어디에서 음을 내기 시작하는가이다.

곡이 소절의 첫 박자부터 시작된다면 이박자든 삼박자든 지휘자의 지휘봉이 가장 아래로 내려간 시점부터 단원들은 음을 내기 시작한다. 지휘봉이 가장 위로 올라온 시점에서 음을 내기 시작하는 연주자는? 없다.

음악의 시작이 첫 박자에서 시작되지 않을 때에는 각각의 룰이 있다. 이처럼 지휘자와 단원 사이에는 공통적으로 인식하는 신호로서 지휘봉의 움직임이 있다. 말도 이야기를 하는 사람과 듣는 사람이 같은 말(같은 언어)을 같은 의미로 이해하지 않는 한 소통은 불가능한데, 지휘봉도 마찬가지다. 지휘봉의 움직임이 의미하는 것을 정확히 이해할 수 있는 사람들이 오케스트라 단원이다.

지휘봉을 크게 움직이면 그만큼 음악은 크고 화려하게 울려 퍼진다는 것을 의미하며, 지휘봉의 움직임이 작아지면 음악이 조용해진다는 것을 뜻한다. 이러한 현상은 인간의 행동 패턴을 생각하면 당연한 일이다(보디랭귀지로서 당연하다는 의미). 극단적으로 말하자면 지휘봉을 사용하지 않아도 지휘는 할 수 있다. 손이나 온 몸으로 지휘자가 의지를 전달하면 될 것이다. 지휘자의 의지를 단원들에게 어떻게 전달하느냐 하는 점이 중요하다. 그런 의미에서 결국 지휘자의 역할로서 가장 중요한 일은 음악의 이미지 전달과 이를 하나로 모으는 통솔력이라고 할 수 있다.

해석의 충돌은 없는가?

프로 오케스트라란, 단원 한 사람 한 사람이 솔리스트로서 활약할 수 있을 만큼 기량을 갖춘 사람들의 집단이다. 각자 머릿속에는 "아니, 그 해석은 틀렸다. 나는 이렇게 생각한다"라고 여기는 단원이 분명 있을 것이므로, 만약 그런 사람들이 "나는 이 해석이 옳다고 생각하니까 이런 식으로 연주하겠다"고 지휘자의 지시를 무시한다면 어떻게 될까?

사실 이와 같은 일은 베테랑 연주자가 많은 전통 있는 오케스트라에 젊은 지휘자가 등장할 때 종종 일어나는 갈등이다. 하지만 아무리 그런 상황이더라도 음악을 한 방향으로, 단원들의 의지를 한 방향으로 이끌어가는 능력이 지휘자에게는 반드시 필요하다. 그러므로 지휘자에게는 카리스마가 있어야 한다. 역사상 명지휘자로 불리는 사람은 하나같이 강한 카리스마를 갖고 있었다. 어쩌면 카리스마가 있었기 때문에 명지휘자로 불렸을지도 모른다.

다만, 시대는 점점 변하고 있다. 19세기부터 20세기의 지휘자는 모두 그러한 카리스마를 필요로 했지만, 단원 오디션도 단원들의 투표로 결정되는 지금 시대에 카리스마를 가진 지휘자는 점점 줄어들고 있는 것도 사실이다. 어쩌면 카리스마를 오케스트라 자체에서 그다지 요구하지 않게 된 것이리라. 오케스트라 음악이 특수한 사람들의 특수한 취미로 그치지 않는 양상이 21세기 오케스트라 음악의 모습일지도 모른다.

지휘자와 오케스트라의 관계

　오케스트라의 리허설은 재미있다. 예를 들면 리허설 시간이 오후 1시부터 오후 4시까지로 정해져 있다고 하자. 리허설은 오후 1시에 시작되어 오후 4시에 정확히 끝난다. 시간외 근무가 당연한 일반 기업의 시각에서 보면 "그렇게 예정대로 일이 끝난다면 고생할 일이 없겠구나"라며 부러워할지도 모르겠다.

　어쨌든 오케스트라의 리허설 시간은 스케줄대로 진행된다. 이 역시 예전의 "오케스트라는 지휘자의 소유물"이라는 사고방식이 좀 더 민주적으로, 좀더 단원의 이익을 지키는 체제로 변한 결과이며, 앞에서 말한 지휘자의 카리스마를 세상이나 단원들이 그다지 필요로 하지 않게 된 결과이기도 할 것이다.

　지휘자 역시 한정된 연습 시간 동안 정확하게 자신의 이미지를 단원들에게 전달하기 위해 각자의 독사적인 스타일을 고려하게 된다.

　예를 들면 자신만 아는 보잉(현악기 부분에서 설명했듯이, 현악기 전체의 활의 사용 방법을 지시하는 것으로, 이에 따라 연주나 음악 전체의 이미지가 달라진다)을 미리 적어놓은 악보를 사용하도록 하는 지휘자도 있다.

　이렇게 하면 일일이 "여기는 이렇게 켜고" 하며 지시하는 수고를 덜 수 있기 때문이다. 이렇게 보잉을 지시함으로써 모든 단원에게 같은 이미지를 전달하는 것이다. 왜냐하면 현악기의 연주에 목관악기와 금관악기가 맞추지 않으면 작품 전체의 조화가 이루어지지 않기 때문이다.

예전에는 지휘자가 연주자 한 사람에게만 세세한 주문을 해 그 연주자가 노이로제로 자살까지 생각했었다는 그럴 듯한 이야기까지 전해지지만 현대 오케스트라에서는 일어날 수 없다. 그런 일이 일어난다면 본공연 시간에 맞출 수 없을 것이며, 그런 지휘자는 오히려 단원들로부터 따돌림을 당할 것이기 때문이다.

지휘자의 경이로운 능력

앞에서 지휘자가 우선 지녀야 할 능력으로 시간 관리 능력과 총보를 읽고 해석하는 능력을 들었는데, 시간 관리 능력보다도 훨씬 중요한 능력이 총보를 읽고 해석하는 능력이다.

우리 인간은 언어를 사용하여 무언가를 전달하고 무언가를 이해하려고 한다. 마찬가지로 음악가는 소리로 무언가를 이해시키려 한다. 그것이 음악을 통한 소통의 기본이기 때문이다. 작가가 글을 써서 무언가를 독자에게 전달하려는 것과 마찬가지로, 작곡가도 음표를 통해 청중에게 무언가를 전달하려고 한다.

오케스트라 음악에서는 사용하는 악기가 아주 많고 음표도 상당히 복잡해 읽고 해석하기가 쉽지 않다. 플루트나 바이올린이라면 일단 악보를 그대로 옆으로 읽어가면 된다. 그런데 오케스트라 총보는 여러 가지 악기의 음표가 몇 단씩 겹쳐져 있을 뿐 아니라 악보가 옆으로 길게 이어져 있다.

곡 전체를 통제하는 지휘자는 이 총보에 적힌 음을 모두 동시에 이해해야만 한다. 이는 이루 말할 수 없이 수고로운 일이다. 쇼토쿠 태자(聖德太子)가 한때 수십 명이나 되는 사람들의 이야기를 이해했다는 일화가 있는데, 지휘자의 소리 식별 능력은 쇼토쿠 태자에 비할 바가 아니다. 총보를 읽고 해석하는 것뿐 아니라 단원 전체에게 순간적으로 적절한 지시를 해주어야 한다.

그 정도로 총보에는 음악의 갖가지 정보가 들어 있는데, 그 총보를 다 외우고 있어서 지휘자로 데뷔하게 된 사람이 있다.

아르투로 토스카니니라는 이탈리아의 명지휘자 이야기다. 토스카니니는 지휘자가 되기 전에 오케스트라에서 첼로를 연주했다. 그가 연주회에서 첼로를 한창 연주하던 어느 날, 갑자기 지휘자가 청중의 비난에 화가 나서 지휘봉을 내려놓고 연주회장 밖으로 나가버렸다. 그때 토스카니니가 지휘자를 대신해 오케스트라를 훌륭히 지휘하여 연주회를 무사히 마쳤다고 한다. 이것이 토스카니니의 지휘자 데뷔 이야기다.

토스카니니는 그 당시의 연주곡(〈토스카〉라는 오페라였는데) 총보를 전부 암기하고 있었기 때문에 그 순간에 지휘자를 대신해 연주를 마칠 수 있었던 것이다(오페라의 경우, 오케스트라는 피트에 들어가 있기 때문에 지휘자가 도중에 바뀌어도 청중은 전혀 눈치채지 못한다). 총보를 외우는 사람이 한 사람도 없었다면 분명 그 연주회는 지휘자가 사라진 시점에서 끝나버렸을 것이다.

통상적인 오케스트라 연주회였다면 지휘자가 사라져도 연주를 지속해 갈 수는 있지만, 피트 오케스트라의 경우에는 지휘자 없이 연주를 계속할 수 없다(지휘자 이외에, 무대 진행과 피트 오케스트라의 음악을 맞추어 갈 수 있는 사람이 없기 때문에). 그럴 경우에는 청중이 화를 내며 비난을 퍼붓는 정도로 일이 마무리되지 않을 것이다.

이처럼 지휘자가 악보를 외우는 일은 매우 중요하지만, 정말 중요한 일은 외우는 것뿐만이 아니라 악보의 의미를 이해하고 그것을 단원들에게 전달하는 일이다. 언어상으로도 '읽는다'는 말과 '이해한다'는 말은 다르다. 음표에서도 마찬가지다.

6장

오케스트라는
어떤 곡을 연주하는가?

오케스트라와 작곡가

음악사든 미술사든 정치사든, 역사를 과거에서 현대까지 순서대로 거슬러 내려오는 것은 상당히 지루한 일이다. 고대사나 유물에 특별히 흥미가 많지 않은 이상, 기원전이나 5세기, 6세기 무렵의 옛날 일부터 시작해 역사를 하나하나 읽어 내려가는 작업은 참으로 수고로운 일이다.

특히 음악사의 경우, 고대 오리엔트 시대와 그리스 로마 시대의 음악이나 악기, 음계 등은 지금 우리가 듣고 있는 음악과 전혀 다른 세계의 음악이어서, 지금 내가 말하고 있는 오케스트라 음악과 연관성이 거의 없다. 지금까지 말해 왔듯 오케스트라 음악이란 오케스트라 악기가 만들어내는 음악이므로 우선 악기, 즉 바이올린이 있어야 하고 플루트가 있어야 한다. 음악이란 것은 어떤 종류의 음악이든 악기나 환경이라는 조건이 우선 마련되어 거기에서부터 출발하는 것이다. 예를 들면 규모가 큰 오케스트라나 대극장이 있었기 때문에 비로소 푸치니나 베르디가 그처럼 화려한 오페라를 작곡할 수 있었다.

그리고 바로크 시대의 이탈리아 작곡가 안토니오 비발디(1678~1741년)는 바이올리니스트이면서 동시에 사제이기도 했다. 베네치아의 수도원 부속 고아원에서 소녀들에게 악기를 가르치며 많은 곡을 작곡했던 것이다. 그래서 그의 오케스트라 곡에는 아이들이 연주할 수 있는 악기만 등장한다. 오늘날의 오케스트라에 절대 등장하지 않는 만돌린이나 류트(기타의 전신인 악기) 등이 그의 음악에 비교적 자주 등장하는 것도 바로 이런 이유에서이다.

한편 현대와 가까운 19세기 말에 활약한 프랑스의 작곡가 조르주 비제의 음악에는 색소폰이 자주 등장한다. 색소폰이라는 악기는 아돌프 삭스라는 사람이 1846년에 특허를 받아 실용화한 악기로, 클라리넷처럼 2개의 리드를 사용하기 때문에 달콤하고 농염한 울림이나 음색이 비교적 클라리넷과 비슷하다. 20세기 초에 미국 스윙 밴드(빅 밴드)에서 자주 사용하면서 오늘날까지 재즈나 팝의 악기로 인기를 끌고 있다. 그래서인지 클래식의 오케스트라 악기라는 생각은 별로 들지 않지만 프랑스의 작곡가들은 이 악기를 오케스트라에서 자주 활용했다.

특히 이 비제라는 작곡가가 그렇다. 〈아를의 여인〉이라는 조곡 중에 알토 색소폰 솔로(《간주곡》)는 특히 유명하며(엄밀하게 솔로는 아니지만), 그 달짝지근한 음색은 빅 밴드에는 없는 색소폰의 매력을 우리에게 제대로 전해준다.

색소폰은 통상 오케스트라에서 자주 사용하지 않는데, 왜일까? 이 악기는 불행히도 그 음역이나 활약하는 용도가 더블베이스(바리톤 색소폰과 음역이나 음색 면에서 겹친다), 클라리넷(소프라노 색소폰, 알토 색소폰과 겹친다), 바순이나 첼로(테너 색소폰, 바리톤 색소폰과 겹친다) 등의 오케스트라 악기와 음역이 겹치기 때문에 좀처럼 오케스트라의 정규 악기로 편성되지 못한다. 어떻게 보면 색소폰만큼 편리한 악기도 없지만, 오히려 이러한 편리한 용도와 넓은 음역이 장애물이 되어 작곡가나 편곡자에게 인기가 없는 것인지도 모르겠다. 그러나 색소폰이 있었기 때문에 비제는 명곡을 탄생시킬 수 있었다.

인상별 오케스트라 곡 안내

이처럼 오케스트라 음악은 악기나 환경에 따라 다양하게 형태나 사운드를 변형시킨다는 사실을 알게 되었을 것이다. 이제 오케스트라 음악에 아직 익숙하지 않은 독자를 위해 작곡가별이나 연대별이 아닌, 음악의 내용이나 성격, 그리고 듣고 난 감상에 따라 인상별로 다양한 음악과 그 음악의 특색에 대해 소개하고자 한다.

첫째, 조용한 오케스트라 음악

둘째, 화려한 오케스트라 음악

셋째, 스토리가 있는 오케스트라 음악

넷째, 교향곡이라는 오케스트라 음악

다섯째, 협주곡이라는 오케스트라 음악

여섯째, 오페라나 발레 등의 오케스트라 음악

일곱째, 가볍게 들을 수 있는 오케스트라 음악

이 정도의 장르를 망라하면 대부분의 오케스트라 음악을 소개할 수 있을 것이다.

조용한 오케스트라 음악

치유를 위한 음악

치유를 위한 음악이란, 한때 유행했던 〈아다지오〉라는 컴필레이션 앨범(편집 앨범. 단일 아티스트나 그룹의 역사적 측면부터 시작해 모든 것을 정리한 앨범으로, 이른바 베스트 앨범을 말한다 - 옮긴이)에 들어가 있을 법한 음악을 말한다.

20세기 최고의 지휘자 중 한 사람인 헤르베르트 폰 카라얀이 지휘한 작품 중에 느긋한 음악, 다시 말해 '아다지오'(걷는 듯 천천히 진행되는 템포의 음악)와 같은 음악만을 모아놓은 컴필레이션 앨범이 〈아다지오〉로 불리며 크게 히트한 적이 있다. 이후 클래식 음악의 컴필레이션 앨범이라는 판매 방식이 정착되었다. 클래식 곡은 곡 하나하나가 상당히 길어서 다양한 클래식 음악을 많이 모아놓은 앨범(이전에는 옴니버스라는 명칭으로 불렸다)은 만들지 못했고 그다지 인기도 없었다. 그런데 이 〈아다지오〉 앨범의 성공 이후, 컴필레이션 앨범은 클래식뿐 아니라 모든 장르에서 새로운 앨범 판매 방식으로 당연하게 받아들여졌다.

따라서 여기서 소개하고자 하는 것은 바흐의 〈G선상의 아리아〉와 미국 현대 작곡가 사무엘 바버(1910-1981년)의 〈현을 위한 아다

지오〉, 라벨의 〈죽은 왕녀를 위한 파반〉, 그리고 포레의 〈파반〉 등
네 곡이다.

바흐의 〈G선상의 아리아〉

요한 제바스티안 바흐가 작곡한 관현악 조곡 제3번 중 두 번째 곡
인 아리아. 이것이 이 곡의 정식 명칭이다. 클래식 작품은 늘 이처럼
딱딱하고 긴 정식 명칭을 가진 경우가 많기 때문에 특별히 사람들
에게 친숙한 곡은 별칭처럼 짧고 부르기 편한 명칭을 갖고 있기도
하다. 〈G선상의 아리아〉도 그런 곡 중 하나다. 이 이름의 유래는 이
곡이 바이올린 솔로곡으로 편곡되었을 때 바이올린의 줄 4개 가운
데 G선만으로 연주하도록 편곡되었다는 데에서 유래했다고 대개
의 해설서에 나와 있다. 다만 그렇게 편곡은 할 수 있으나 실제로 오
케스트라에서는 이 곡을 G선만으로 연주하지는 않는다.

바흐는 바로크 시대의 작곡가로, 이 작품이 연주되었을 때 오케
스트라의 편성 규모는 매우 작았다. 이 아리아의 악장은 현악기로
만 연주되지만 조곡 제3번은 현악기에 팀파니, 트럼펫, 오보에만으
로 바로크 시대의 아주 작고도 작은 느낌의 오케스트라 편성으로
연주된다.

조용한 '아다지오'의 명곡으로는 단연 인기 있는 곡이다.

바버의 〈현을 위한 아다지오〉

이 곡 역시 정식 명칭은 따로 있다. 이 작품은 미국의 현대 작곡가 사무엘 바버가 작곡한 현악 4중주곡(두 개의 바이올린, 비올라, 첼로, 4명이 연주하는 곡) 1번 2악장을 스트링스 오케스트라용으로 편곡한 것이다. 그런 이 곡이 '아다지오'라는 이름으로 널리 알려지면서 지금은 오케스트라 연주회의 단골 앙코르 작품 중 하나가 되었다. 전쟁의 참담함을 묘사한 명작 영화 〈플래툰〉의 클라이맥스 장면에서 배경음악으로 흘러, 그 장면의 비장한 화면과 영혼을 정화하는 듯한 아름다운 음악의 조화에 눈물 흘린 사람이 많았다. 처음부터 이 영화를 위해 작곡된 오리지널 음악이라고 생각한 사람도 많았을 것이다. 그 정도로 이 곡이 흐르는 영화의 장면은 절묘하고도 깊은 감명을 안겨주었다.

라벨의 〈죽은 왕녀를 위한 파반〉

클래식 음악은 기본적으로 오래된 음악이기 때문에 때때로 "응?" 하며 고개를 갸웃거리게 하는 용어를 만날 때가 있다.

'미뉴에트', '부레(bourée)', '시칠리아노', '파반' 등 클래식 음악의 타이틀에 자주 사용되는 이들 용어는 모두 춤의 종류를 나타내는 일반명사다. 즉 탱고나 삼바, 룸바와 같이 춤의 리듬 종류를 나타내는 말이다. 하지만 우리의 솔직한 반응은 "그런 춤은 본 적도 들은 적도 없는데?"일 것이다.

"시칠리아노는 어떤 춤이야? 지금도 그 춤을 추는 사람이 있어? 혹시 시칠리아섬에서 지금도 추고 있는 춤이야? 파반도 춤이야?"

이와 같은 의문을 당연한 듯 가지고 있을 정도이니 '파반'이라는 명칭을 춤이라는 이미지와 연결짓는 것은 참으로 어려운 일이다. 더군다나 라벨의 〈파반〉도, 포레의 〈파반〉도 춤이라는 이미지와는 한참 동떨어진 조용하고 느릿한 곡이다. 본래 파반은 16세기에 스페인에서 시작되어 유럽 각지에서 유행한 춤인데, 아무리 16세기의 옛날 춤이라고 해도 잠이 올 정도로 느릿느릿한 템포로 춤을 추었을 리 만무하다. 어느 시점에서 '파반'이라는 말에 느릿하며 우아하다는 의미가 더해졌을 것이다.

여하튼 라벨의 〈죽은 왕녀를 위한 파반〉이라는 곡은 처음에 피아노용으로 작곡되었다가 나중에 라벨이 직접 오케스트라 곡으로 편곡했다. 이 곡의 팬들은 "내 장례식에 꼭 이 곡을 틀어 나를 배웅해 달라"는 사람이 많을 정도로 구슬프지만 부드러움이 넘치는 작품이다.

일반적으로 들어볼 기회가 많지 않은(하지만 오케스트라에서는 빼놓을 수 없는) 악기인 호른이 활약하는 작품으로, 호른의 달콤한 음색을 꼭 들어보기를 권한다.

포레의 〈파반〉

한편 포레의 〈파반〉은 호른이 아니라 플루트가 멜로디를 주도하는 곡이다. 현악기가 현을 기타처럼 퉁기면서 연주하는 피치카토 반주를 타고 플루트가 어딘지 이국적인 분위기를 띤 우아하고 아름다운 곡을 연주한다. 시작 대목이 플루트로서는 드물게 저음 음역에서 연주되기 때문에 훨씬 요염하고 농염한 분위기를 자아낸다(오케스트라에서 플루트가 솔로로 연주할 때에는 중음이나 고음 음역의 멜로디를 맡는 것이 대부분이고 저음 음역의 솔로는 드물다).

포레 음악의 특징은 화려한 클라이맥스가 없고 언제나 억제하는 듯한 사운드를 중시한다는 점이다. 베토벤이나 바그너처럼 화려한 오케스트라 사운드를 좋아하는 사람은 다소 욕구불만을 느낄 수 있는 음악이기도 하다. 대신에 우아하고 아름답게 흐르는 듯한 연주를 좋아하는 사람에게는 최고의 음악 작품을 낳이 남긴 작곡가다. 독일 맥주와 함께 기분 좋게 즐기고 싶은 사람에게는 베토벤이나 바그너, 브루크너 등 독일 음악을, 느긋하고 조용하게 와인을 음미하고 싶은 사람에게는 포레나 드뷔시, 프랑크 등의 프랑스 음악을 추천하겠다. 지나치게 고정관념에 빠진 분류로 보일지도 모르지만 실제로 이와 같은 조합은 직접 들어보면 이해가 갈 것이다. 한번 시도해 보길 바란다.

화려한 오케스트라 음악

본래 오케스트라는 그 자체가 화려하다. 그러므로 화려한 오케스트라 음악을 찾는 일은 아주 쉽다. 따라서 여기서는 어떤 화려함인지를 한정짓는 것이 좋을 듯하다.

편성이 화려한지, 사운드가 화려한지, 무언가 특별한 장치가 마련되어 있는지 등을 알아보겠다.

말러의 〈천인 교향곡〉

편성이 화려한 작품으로는 말러의 〈천인 교향곡〉을 들 수 있다. 말러의 11개 교향곡 중 8번을 이렇게 부른다. 이 곡이 〈천인 교향곡〉이라는 별칭으로 불리게 된 계기는 초연되었을 때 250명으로 구성된 혼성합창단이 두 팀, 350명으로 구성된 어린이합창단, 146명의 오케스트라 그리고 8명의 보컬리스트 등 엄청난 인원수가 무대를 가득 메우면서부터다(실제로 이 인원수 전원이 한 무대에 오르기는 무리가 있고 아마 객석이나 무대 뒤쪽 등 여러 곳에 배치되었을 것이다).

오케스트라 자체의 인원수는 그리 많은 편이 아니다. 하지만 노래를 부르는 사람은? 대략 900명에 가깝다.

연말이면 베토벤의 9번 교향곡을 부르기 위해 많은 아마추어 합창단이 무대에 오르는 이벤트가 개최되기도 하는데, 그처럼 많은 사람들이 노래를 부르기 위해 무대에 한꺼번에 오르는 연주회는 그리 흔하지 않다. 이 곡을 연주하는 사람도 듣는 사람도 매우 귀중한 경험을 하게 되는 것은 분명하다.

베를리오즈의 〈레퀴엠〉

말러의 〈천인 교향곡〉에 뒤지지 않게 화려한 편성의 작품이 베를리오즈(1803~1869년)의 〈레퀴엠〉이다. 대체로 편성이 화려한 작품에는 종교적인 음악 작품이 많다. 본래 음악이란 신이나 다른 세계와의 교류(소통)를 목적으로 중개자(주술사 혹은 사제)가 인간이 사는 현실 세계와 저 세상을 이어주는 의식을 치르는 데 필요한 것이었다. 기독교에서는 찬미가가 그 역할을, 불교에서는 불경이 그 역할을 담당하는데, 기독교에서 죽은 자를 보낼 때 사용하는 〈레퀴엠〉이라는 음악은 "죽은 자가 심판의 과정을 거치는 데 필요한 음악"이기도 하다. 요컨대 최후의 심판을 통해 천국에 갈지 지옥에 갈지 정해지는데, 이 심판을 가능한 한 조용히 받아들이려는 포레의 〈레퀴엠〉음악에 비해 베를리오즈의 〈레퀴엠〉은 마치 최후의 심판을 받은 인간의 단말마의 비명을 듣는 듯한 격렬한 음악이다.

베를리오즈의 〈레퀴엠〉의 악기 편성은 합창과 독창을 합쳐 200여 명, 호른 12팀, 팀파니 8팀, 심벌즈 10팀, 금관악기 작은 앙상블

이 4팀, 그리고 100명 이상의 오케스트라.

오케스트라 규모만 보아도 말러보다 훨씬 크다. 특히 호른 12, 팀파니 8이라는 숫자는 참으로 묘한 숫자다. 팀파니 8팀(팀파니는 각각 상대가 있기 때문에 결국 무대에는 16대 이상의 팀파니가 오른다)이 한꺼번에 드럼롤처럼 울려 퍼지는 부분이 있는데, 그때의 땅을 뒤흔드는 듯한 장렬한 사운드는 마치 지진이 일어난 듯하며 "이 세상 최후의 심판을 받는" 듯이 울려 퍼진다(아마 그것이 작곡가의 의도였을 것이다).

바그너의 오페라 〈탄호이저〉 서곡

사운드가 화려한 곡은 얼마든지 찾을 수 있다. 편성 자체는 그리 크지 않지만 매우 화려하고 규모가 큰 오케스트라 사운드를 들을 수 있는 곡은 리하르트 바그너의 오페라 〈탄호이저〉 서곡, 그리고 차이코프스키의 축제 서곡 〈1812년〉, 하차투리안(1903~1978년)의 발레음악 〈가이느〉 중 유명한 〈칼의 춤〉, 글린카(1804~1858년)의 오페라 〈루슬란과 류드밀라〉 서곡 등이다.

물론 여기 소개한 음악 외에도 화려한 사운드의 오케스트라 음악은 셀 수 없을 만큼 많지만, 이렇게 소개한 곡만으로도 공통점이 있다는 것을 알아차렸을 것이다. 그렇다. 바로 오페라 또는 발레곡이 많다는 점이다. 왜 그럴까?

대답은 간단하다. 오케스트라가 피트라는, 객석과 무대 사이의 좁은 공간에 갇혀 연주하는 발레나 오페라의 경우, 사용할 수 있는 악기나 연주자 수는 한정적일 수밖에 없다. 그러나 무대음악이란 것은 연출하기에 따라 화려한 장면이 있으면 조용한 장면도 있어서 다양한 형태의 음악이 필요하다. 이 때문에 적은 악기로 최대의 효과를 올려야 한다. 이 같은 무리한 요구를 작곡가에게 기대하는 것이 무대음악이어서, 발레나 오페라 음악에는 "와, 이 음악은" 하고 놀랄 정도로 효과적인 음악 작품이 등장하는 것이다.

바그너의 오페라 〈탄호이저〉 서곡은, 어려운 하모니 곡을 많이 작곡한 그의 작품 중에서 비교적 단순하고 이해하기 쉬운 작품이다. 중세의 전설을 바탕으로 바그너 자신이 대본을 쓴 오페라로, 그의 오페라 중에서도 상연 횟수가 많은 편에 속한다. 아마 이야기 줄거리도 음악도 이해하기 쉽기 때문일 것이다. 유럽의 전설은 대체로 '선과 악', '아름다움과 추함'과 같은 단순한 이원론을 바탕으로 구성된 이야기가 많아서 이해하기 쉽다. 이것이 기독교와 통하는 부분이겠지만, 바그너 오페라의 소재도 대부분 이 '신과 악'을 테마로 하고 있다.

해서는 안 되는 쾌락과 기쁨에 빠진 죄(왜 쾌락이 죄인지는 서양인이 아닌 이상 이해하기 어렵지만)를 지어 방황하는 탄호이저. 금단의 땅에서 마음대로 즐기던 탄호이저는 지상으로 내려와 원하는 대로 할 수 없다는 것을 알게 되고, 더구나 자신이 그런 곳에서 온 큰 죄인(금단의 땅에 있었다는 것 자체가 큰 죄인 것이다)이라는 것이 알려지면서 어쩔 수 없이 순례 여행을 떠난다. 여행을 떠난 시점에 이미 이 탄호이저라는 인간에게 구원의 희망은 전혀 없었지만, 마지막에 탄호이저의 연인인 엘리자베트의 죽음으로 그는 구원을 받는다. 사랑하는 사람의 '죽음'으로 사랑하던 상대방의 죄가 정화된다는 테마는 바그너의 오페라뿐 아니라 서양 문화의 중심 테마 중 하나다. 참 편리한 생각 같아 보이지만 판단은 독자 개개인에게 맡기고 싶다.

차이코프스키의 축제 서곡 〈1812년〉

이 곡에서는 통상 2관 편성 오케스트라(플루트나 오보에, 트럼펫 등의 목관악기, 금관악기가 각 파트에 두 명씩. 다만 금관악기의 경우 꼭 두 명은 아니다. 현악기가 5부 = 제1바이올린, 제2바이올린, 비올라, 첼로, 더블베이스. 여기에 타악기가 들어간다. 이처럼 상당히 고전적인 오케스트라의 악기 편성)에 캐논포라는 진짜 대포 음이 사용된다. 대포가 사용되는 이유는 이 곡의 소재가 프랑스군에 대한 러시아군의 승리를 의미하고 있기 때문이다.

언제 일어난 전쟁일까? 이 곡의 타이틀에도 나와 있는 1812년의 전쟁이다. 연전연승을 거두던 나폴레옹 군대가 60만 대군을 이끌고 러시아의 모스크바로 공격해 들어간 것까지는 좋았는데, 아무리 나폴레옹의 군대라도 러시아의 추위를 이기지는 못해 역사적인 대패(러시아에게는 대승)를 맛본 전쟁을 묘사했다.

그래서 이 곡에는 전쟁 묘사를 더욱 생생하고 사실적으로 그리기 위해 캐논포가 사용되고, 승리한 러시아를 가리키는 교회의 종(튜블라 벨이라는 연주용 종을 사용한다)이 울린다. 이 곡을 듣고 나면 "정말 화려하기 그지없는 곡"이라는 생각에 자기도 모르게 한숨이 나올 것이다.

하차투리안의 발레음악 〈가이느〉

이 곡에는 상당히 미묘한 정치적 테마가 깔려 있어서 음악 자체는 여러 곳에서 연주되고 있지만 가장 중요한 발레 분야에서는 그다지 상연되지 않는다. 기본적인 줄거리는 공산주의 혁명 이후 소련의 집단농장(콜호즈)에서 일하는 애국적인 한 여성에 대한 이야기에 불과하다. 그리 드라마틱하지 않다. 그러나 아르메니아라는 지역의 민족(하차투리안도 이 지역 출신)과 여기로 기밀을 훔치러 온 다른 지역 사람(이 사람은 아르메니아인이 아니다)과의 애국주의적인 갈등이 내포되어 있어, 소비에트 연방이 붕괴하고 러시아가 된 지금은 오히려 미묘한 테마가 되고 말았다.

그런데 이 발레음악은 오케스트라 연주회에서 자주 연주된다. 정확히 말하자면 이 발레곡 중 삽입곡인 〈칼의 춤〉 부분만이 따로 오케스트라 곡으로 널리 전세계에서 인기를 얻고 있다.

오케스트라에서 멜로디를 담당하는, 비교적 수가 적은 타악기 연주자가 실로폰으로 갑자기 멜로디를 빠르게 연주하는 것으로도 유명하다. 실로폰, 즉 목금(木琴)이 오케스트라에서 활약하는 경우는 이 곡과 스트라빈스키의 〈페트루슈카〉 정도에 불과하다. 그래서인지 타악기 연주자는 이 대목에서 온 힘을 다해 연주한다.

글린카의 오페라 〈루슬란과 류드밀라〉 서곡

이 곡은 지극히 단순한 공주님 이야기로, 악마에게 납치된 류드밀라라는 키예프 왕의 딸을 세 명의 용사가 구하러 갔다가 마지막에 루슬란이라는 용사만이 살아남아 공주를 구하는 데 성공한다는 이야기다. 따라서 이 서곡 역시 그러한 용감한 구출극을 연상시키는, 템포가 빠르고 씩씩한 곡이다. 이는 러시아 작곡가의 특색이기도 한데 차이코프스키나 프로코피예프(1891~1953년), 라흐마니노프(1873~1943년)도 그렇다. 오케스트라 악기를 용맹스럽고도 빠르게 연주하게 하는 경우가 아주 많다.

이는 모든 악기에 적용된다(피아노라고 해도). 러시아 작곡가의 작품 중에는 오케스트라 전체가 누가 가장 손가락을 빠르게 움직일 수 있는지 경쟁이라도 하는 듯 들리는 작품이 많다. 글린카의 이 작품도 음이 매우 바쁘게 달리는 곡이지만, 한편으로 전체 사운드가 기사 이야기답게 용감무쌍하며 담백하다는 점이 더 많은 상연 기회를 가져다주는 것일지도 모른다.

스토리가 있는 오케스트라 음악

이미지가 있는 곡

스토리가 있는 오케스트라 음악이라면, 묘사음악 혹은 표제음악이라고 불리는 분야의 음악을 말한다. 다시 말해 타이틀을 가진 음악이라고 할 수 있다.

클래식 음악 작품에는 교향곡 몇 번 혹은 피아노 소나타 몇 번 나장조 등 그 이름만으로 어떤 곡인지를 이미지화 해보기 어려운 곡이 매우 많다. '베토벤의 교향곡 1번'의 경우, 이 곡을 들어본 사람만이 곡의 내용을 이미지화 해볼 수 있다. 그런데 여기에 〈행성〉이나 〈전원〉 노는 〈아름답고 푸른 도나우〉라는 타이틀이 붙은 음악이라면 여하튼 어떤 곡인지 이미지를 그려볼 수 있다.

인간이란 유추를 통해서만 이미지를 그려볼 수 있는 동물이다. 예를 들면 지금 먹고 있는 요리의 맛을 텔레비전을 보고 있는 시청자에게 전달하기 위해서는 "맛있어요"라는 말로는 충분하지 않으므로 "예를 들면 무슨무슨 맛과 같이 매운 맛"이라든가 "무슨무슨 음식처럼 굉장히 시네요"라고 표현하지 않으면 시청자에게 미지의 맛에 대한 이미지를 전달할 수 없다. 이와 마찬가지로 '교향곡 몇 번'이라면 두무지 짐작이 가지 않는 사운드의 이미지도 '바다'라든가 '하늘'이라고 표현하면 왠지 알겠다는 느낌이 든다.

다만 실제 음악은 듣는 사람의 이미지대로 가는 것이 아니라 기대를 저버리기도 하고 혹은 기대 이상으로 흥분을 가져다주는 경우도 있지만 타이틀이 음악을 더욱 가깝게 느끼도록 해주는 것만은 분명하다.

오케스트라 연주회에서 자주 연주되는 표제음악에도 여러 종류가 있는데, 본래 스토리가 있는 음악(오페라나 발레를 제외하고) 중에서 오케스트라 연주회에서 자주 연주되는 대표적인 몇 곡을 소개하겠다.

그로페의 〈그랜드 캐니언〉

〈그랜드 캐니언〉을 묘사한 미국의 작곡가 페르드 그로페 (1892~1972년)의 표현력은 보통이 아니다. 단순히 말을 타고 계곡을 천천히 걷는 풍경을 묘사하더라도 그저 말발굽 소리를 내는 정도에서 그치지 않는다. 거기에는 음의 소절도 있고 감동을 안겨주는 음악의 이미지도 있기 때문이다. 그것이 음악이 해야 할 일이라고 잘라 말하면 더 할 말이 없지만, 훌륭한 표제 오케스트라 음악은 인간을 구체적인 사물이나 사람, 정경에 감정이입을 시켜주는 힘을 갖고 있다. 이러한 감정이입이야말로 표제 오케스트라 음악을 듣는 즐거움 중 하나이기도 하다.

홀스트의 모음곡 〈행성〉

이 곡은 명왕성을 제외한 태양의 8개 행성(수성, 금성, 지구, 화성, 목성, 토성, 천왕성, 해왕성을 말한다. 명왕성은 이 작품이 작곡된 1914~1916년보다 뒤인 1930년에 발견되었다)을 각각 묘사한 음악으로 폭넓은 인기를 얻었다. 동시에 오케스트라 악기 편성에서도 발군의 모습을 보이고 있다. 플루트 4대라는 4관 편성에 가까운 오케스트라에 여성합창이 일곱 번째 곡에서만 참여하는 이 곡의 훌륭함은 현대 영화음악 편곡의 모범이 되었을 정도로 다채로운 오케스트라 악기 편성을 보여준다.

〈행성〉은 별과 관련된 신화를 바탕으로 작곡되었는데, 우리가 일상적으로 사용하는 달력에 등장하는 달, 화성, 수성, 목성, 금성, 토성, 태양에는 각각의 신화가 존재한다. 홀스트의 〈행성〉에는 '달'에 대한 곡은 없지만, 첫 번째 곡 '화성 = 전쟁을 초래하는 별', 두 번째 곡 '금성 = 평화를 가져오는 별', 세 번째 곡 '수성 = 날개가 있는 사자', 네 번째 곡 '목성 = 쾌락을 부르는 별', 다섯 번째 곡 '토성 = 노년을 부르는 별', 여섯 번째 곡 '천왕성 = 마술사', 일곱 번째 곡 '해왕성 = 신비주의자'와 같은 타이틀이 있으며, 곡 전체가 각 행성의 신화를 이미지화시킨 곡들로 구성되어 있다. 우리가 사용하는 달력이나 점성술, 오래 전부터 우리가 가지고 있던 별들의 이미지나 신화를 바탕으로 하고 있다. 여기서 묘사한 각 '행성'의 분위기 역시그 이미지 자체이기도 하다(서양 사회라는 한계는 분명하지만). 그리므로 누구든 들으면 쉽게 이해할 수 있다.

멘델스존의 〈한여름 밤의 꿈〉

이 작품은 영국의 대문호 셰익스피어의 동명 소설을 바탕으로 작곡되었다. 멘델스존(1809~1847년)이 작곡한 최고 걸작으로 평가받는 극음악인데 그 중에서도 〈결혼행진곡〉이 가장 유명하다. 전세계에서 거행되는 결혼식에서 울려 퍼지는 곡 중 하나인 이 〈결혼행진곡〉 역시 실제로 극 중의 결혼식 장면에 사용된 곡이다.

서로를 너무나도 사랑하는 한 쌍의 남녀와 그 여성을 사랑하는 한 남자, 그리고 이 남자를 사랑하는 또 다른 여자. 이렇듯 돌고 돌듯이 이어진 사각 관계의 남녀가 쫓고 쫓기며 얽혀 있는 관계에 숲의 요정들이 끼어들어 심술궂은 장난을 한다는 셰익스피어의 독특한 풍자극을 바탕으로 한 음악이다. 극의 배경음악이기는 하지만 연주회장에서 종종 연주되는 대표적인 오케스트라 표제음악 중 하나다.

드뷔시의 교향시 〈바다〉

타이틀에 있는 바다란 도대체 어느 바다를 이미지로 그린 것일까? 태평양일까? 대서양일까? 아니면 인도양일까?

드뷔시가 얻은 '바다'에 대한 영감은 그가 본 실제 바다의 정경과,

그가 본 한 장의 그림이 바탕이 되었다. 그 한 장의 그림이란, 일본의 가츠시카 호쿠사이의 우키요에(浮世繪) 〈가나가와 앞바다의 거대한 파도〉라는 작품이다. 호쿠사이의 판화 중에서 크게 물결치는 바다의 정경을 드뷔시가 본 것은 19세기 말에 프랑스 파리에서 몇차례 열린 만국박람회의 어딘가에서일 것이다. 일본의 판화나 자바의 가믈란 음악 등 동양 문화의 영향을 받은 드뷔시는 중세 가톨릭교회의 교회 선법이나 전음 음계(반음이 없는 특수한 음계), 그리고 동양적인 4도나 5도의 음정을 많이 사용하여 자신의 음악 세계를 구축한 작곡가다. 이 〈바다〉라는 작품에도 그러한 요소가 잘 나타나 있다.

드뷔시의 음악을 "왠지 늘 들뜬 듯 안정감이 없어 그리 좋아하지 않는다"고 말하는 사람도 있다. 이 역시 어떤 의미에서는 틀리지 않은 말이다. 드뷔시는 당시 서양 음악에서는 당연했던 보통의 도레미파 음계와는 전혀 다른 음세를 바탕으로 작곡을 많이 한 사람이기 때문이다. 따라서 이국적이고 신비로운 음악이라는 평가를 많이 받는다. 베토벤이나 모차르트, 브람스와 같은 독일계 음악의 흐트러짐 없는 도레미파 음계 음악을 듣는 데 익숙한 사람에게는 조금 '두둥실 들뜬 듯한 음악'이라는 느낌을 주는 것이다. 그렇지만 현대음악으로 분류되는 작곡가가 아니며 드뷔시의 이국적인 분위기의 음악에 빠진 팬도 많다.

드뷔시의 〈바다〉 악보의 초판 표지. 호쿠사이의 판화 그림을 사용했다.

프로코피예프의 〈피터와 늑대〉

어린이 음악교실에서 오케스트라 음악이나 악기를 소개하기 위해 자주 연주되는 이 곡 역시 프로코피예프가 직접 아이들을 위해 작곡한 작품이다. 1936년에 프로코피예프가 자신의 아이들과 함께 모스크바 어린이극장을 방문했을 때, 극장의 지배인으로부터 "이야기가 들어간, 아이를 위한 음악"을 만들어달라는 의뢰를 받고 작곡한 작품이다. 그래서 아이들도 쉽게 이해할 수 있는 동화 같은 스토리(〈빨간 모자〉와 〈아기돼지 삼형제〉, 〈헨젤과 그레텔〉 이야기를 더해 셋으로 나눈 듯한 이야기다)에 맞춰 악기가 소개되고 음악이 진행되는 형식의 곡이다. 이 곡을 들으면 오케스트라의 각 악기의 역할을 잘 알수 있으며, 오케스트라 음악의 편곡이 어떻게 이루어지는지의 과정까지도 쉽게 이해할 수 있다.

먼저 피터라는 주인공 남자 아이가 등장한다. 이 부분은 스트링스로 연주된다. 바이올린과 첼로 등 현악기가 오케스트라의 주역이라는 사실을 여기서 아이들에게 분명히 인식시켜 주게 된다. 이어서 피터의 친구들인 작은 새들이 등장한다. 작은 새는 대개의 경우, 가벼운 음(높은 음)으로 멜로디나 리듬을 연주하는 플루트의 역할이다. 스트링스와 플루트는 오케스트라에서 멜로디를 담당한다. 오케스트라에서의 위치 관계가 이야기 속에도 반영된 것이다.

오리는 오보에로 표현된다. 두 개의 리드로 좀 뽐내는 듯한 소리를 내는 오보에가 쉰 목소리의 오리를 표현하는데 그 소리를 들으면 고개가 끄덕여진다. 여기저기 돌아다니며 장난을 치는 고양이는 클라리넷의 역할. 클라리넷은 조금 얼이 빠진 듯한 맛과 부드러운 느낌을 표현하는 데에는 딱 맞는 악기다. 언제나 피터에게 잔소리를 하며 설교를 하는 할아버지는 파곳이 담당한다. 진지한 음악을 연주해도 파곳이 음을 내면 희극과 같은 느낌이 나서 웃음을 유발하기도 한다. 할아버지 역으로 딱 맞는 악기다.

숲에 사는 사냥꾼은 호른. 호른은 본래 사냥에서 사용되면서 발달한 악기이므로 사냥꾼 역에 호른 이외에 적역은 없을 것이다. 사냥꾼의 총소리는 팀파니와 큰북 등의 타악기가 담당한다. 가부키 등의 음악에서도 천둥의 '우르르 쿵쿵' 혹은 도깨비가 등장하는 장면 등에서는 낮은 음정의 다이코(大鼓)를 사용하는데, 오케스트라에서도 이러한 총, 전투, 천둥, 망령, 요괴 등을 표현할 때 사용하는 악기는 음역이 낮은 타악기다.

소년 피터와 그 친구들의 모험과 우정을 그린 이야기를 들으면서 오케스트라 음악의 기초를 이해할 수 있도록 구성된 〈피터와 늑대〉. 아이들을 위한 연주회뿐 아니라 일반 오케스트라 연주회에서도 자주 연주되었으면 하는 바람이다.

림스키코르사코프의 〈세헤라자데〉

'세헤라자데'는 '천일야화'로 번역되는 〈아라비안나이트〉 이야기다.

아내의 부정으로 여성을 불신하게 되어 매일밤 새로운 여성을 아내로 맞이해 첫날밤에 살해하던 샤리아르왕. 왕의 행위를 멈추게 하기 위해 대신의 딸인 세헤라자데는 왕에게 천일 동안 매일밤 재미있는 이야기를 들려주어 왕의 흥미를 끌고 살인을 저지르지 못하게 한다. 세헤라자데는 왕에게 매일밤 이야기를 들려주면서 왕과의 사이에 아이들을 여러 명 낳아 결국 왕의 마음을 바꾸었다는 것이 〈아라비안나이트〉의 줄거리다. 세헤라자데가 왕에게 들려준 이야기 중에는 유명한 〈알리바바〉 이야기와 〈알라딘과 요술램프〉 이야기, 〈신밧드의 대모험〉 이야기 등이 들어가 있는데, 이 이야기 중 몇 가지를 바탕으로 작곡된 음악이 림스키코르사코프의 〈세헤라자데〉라는 작품이다.

이 곡에서 세헤라자데는 솔로 바이올린의 관능적이고 아름다운 연주로 반복 표현된다. 보슈의 그림에서도 바이올린이나 플루트는 사람을 유혹하는 지옥의 음색으로 묘사되었다는 이야기를 앞에서 했는데, 왕의 마음을 끌고 재치 있고 지적이며 요염한 아름다움의 상징인 세하레자데를 표현하기에 바이올린은 실로 최적의 악기다. 그밖에 플루트나 하프도 여러 곳에서 신비로운 대목을 연주한다.

이 장대한 곡이 고작 2관 편성의 오케스트라로 편곡되었다. 그만큼 림스키코르사코프의 편곡 능력이 우수하다는 것을 말해주는 것이리라. 이 곡은 다채롭고 밀고 당기는 힘이 느껴지는 오케스트라 음악의 묘미를 맛볼 수 있는 작품 중 하나다.

교향곡이라는 오케스트라 음악

교향곡이란?

클래식 피아니스트의 리사이틀에 가면, '모차르트의 피아노 소나타 제 몇 번 무슨 장조, 브람스의 피아노 소나타 제 몇 번 무슨 단조'와 같은 곡목을 프로그램에서 자주 발견한다. 쇼팽의 '왈츠 제 몇 번' 혹은 슈만의 〈어린이 정경〉처럼 타이틀이 있는 곡은 어렵지 않게 그 곡에 빠져들 수 있어도 '소나타'라는 말을 접하면 왠지 "엄청 어려운 곡 아냐?"라는 생각에 몸이 굳는 사람도 많다. 이러한 반응은 무리가 아니며 실제로 어려운 곡도 많다.

"이 음악의 무엇을 들으면 되는 거야, 도대체?"

"멜로디? 아니면 리듬?"

들어본 적이 없는 곡이라면 "이 곡은 얼마나 긴 곡일까?" 하는 것까지 마음에 걸릴 것이다. 곡이 이제 막 시작되었는데 벌써 언제쯤이나 곡이 끝날지를 생각한다면 연주자가 불쌍할 따름.

이처럼 피아노 리사이틀에서는 '소나타'라는 말이 자주 등장한다. 마찬가지로 오케스트라 연주회에서는 '교향곡(=심포니)'이라는 말이 자주 귓가를 스쳐간다. 아마 어느 나라의 어느 오케스트라의 연주회든 교향곡이라는 이름이 붙은 작품이 연주되지 않는 날이 없을 정도로 오케스트라 연주회에서 교향곡은 단골 작품이다.

이 교향곡과 소나타가 똑같은 것이라고 한다면 과연 당신은 믿을까? 많은 음악 지식을 가진 사람이라면 "그건 상식이잖아"라고 말하겠지만 일반 청중에게 그러한 인식은 많지 않을 것이다.

피아노로 연주하는 소나타 형식의 곡이 피아노 소나타다. 바이올린으로 연주하는 소나타 형식의 곡이 바이올린 소나타다. 오케스트라가 연주하는 소나타가 교향곡이다. 그렇다면 "소나타 형식이란 게 뭘까?"라는 의문이 남는다.

소나타 형식의 기본

음악의 형식이라는 것은 사실 그리 많지 않다. "멜로디만 있다면, 리듬만 있다면 음악이 되므로 형식 따위는 관계없다"고 말하는 사람도 있겠지만(실제로 관계없는 음악도 많다), 세상의 음악 작품에는 예상외로 '형식'이 있다. 클래식뿐 아니라 팝이나 록에도 형식이 있으며, 오히려 팝이나 록이 '형식'에 빠져 있는 경우가 많다고 할 수 있다.

민속음악을 포함한 세상의 모든 음악에서 가장 많은 '형식'(=스타일)은 AB 형식과 ABA 형식이다. 요컨대 A라는 멜로디와 B라는 멜로디, 두 가지로 구성된 음악으로, 많은 서양 팝음악은 AB 형식으로 되어 있다(록도 대부분이 AB 형식으로 되어 있는데, 일본 대중음악은 A와 B 사이에 브리지처럼 다른 멜로디를 삽입해 놓아서, 서양 팝음악보다 알기 어려운 형식으로 되어 있다). 이 경우에 더욱 강조되는 멜로디는 B이며, 보통 이 B(흔히 B멜로디라고 한다)를 '사비'라고 한다. 서양 팝음악에서는 '리프레인'이라고도 한다.

또 다른 형식은 A와 B 뒤에 다시 한 번 A가 오는 것이다. 두 형식 모두 비슷하고 사용되는 멜로디도 같지만, ABA 형식이 A 부분이 반복되는 만큼 음악의 인상이 더 강렬하다. 같은 멜로디가 두 번 반복되는 것이므로 당연히 깊은 인상을 준다. ABA 형식으로 작곡된 음악은 동요나 민요에 많으며 클래식 곡에도 적지 않다.

그리고 문제의 소나타 형식을 가진 곡이 있다. 이는 좀 복잡하다. 왜냐하면 ABA 형식보다 A의 멜로디를 '더욱' 강조하고 있어 그만큼 더 복잡해지는 스타일이기 때문이다.

메인 테마 A(곡의 가장 처음에 나오는 가장 중요한 멜로디를 말한다)가 연주되고('제시부'라고 한다), 그것이 다른 조로 전개되며(B 혹은 C의 테마가 나온다. '전개부'라고 한다), 그리고 본래 조로 돌아가 처음의 테마가 연주되고('재현부'라고 하여 A의 테마가 되돌아온다), 그후 클라이맥스를 맞아 피날레로 향한다('종결부'라고 한다).

일본 대중음악이나 록에는 이러한 형식의 음악이 없으나(있다면 너무 길어서 아무도 듣지 않을 것이다), 그 대신에 AB 형식으로 만들어진 곡이 상당히 많다. 요컨대 중요한 멜로디가 두 종류(A와 B)라면 3~4분 정도의 길이로 곡이 완성될 것이므로 그 정도 길이의 곡이라면 질리지 않고 들을 수 있다는 것이다.

A가 있고 다음에 A′가 오고, B가 오고, 이것으로 끝나는 것이 아

니라 소나타 형식처럼 C나 D까지 왔다가 A로 돌아간 다음에 피날 레를 맞는다면 너무 길다. 피아노 소나타라면 이런 형식으로 된 3분 정도 길이의 작품이 없는 것은 아니지만 교향곡으로 피날레까지 오는 데 5분 이하인 곡은 없다. 따라서 팝이나 록은 짧고 이해하기 쉽지만 클래식은 길고 이해하기 어렵다는 느낌을 갖게 되는 것이다.

그렇다 해도 오케스트라에서 무엇보다 자주 연주되는 곡이 교향곡이다. 가령 A라는 멜로디가 B라는 멜로디가 되기도 하고 C나 D가 되더라도, 오케스트라 여러 종류의 악기로 다양하게 편곡되어 있어서 피아노 소타나나 바이올린 소나타를 듣는 것보다는 훨씬 덜 '질리기' 때문이다.

교향곡이라는 스타일에는 옛날부터 하이든의 엄숙한 울림과 독일을 중심으로 발전한 서양 클래식 음악의 전통적인 울림이 있다. 그래서 이를 즐기기 위해 듣는 사람도 많다. 역사적인 무게감 같은 것을 느낄 수 있어서 교향곡을 좋아한나는 사람노 석지 않다.

이제 교향곡 입문을 시대순으로 하이든, 모차르트, 베토벤, 슈만, 브람스, 드보르자크, 브루크너, 차이코프스키, 말러 그리고 시벨리우스, 쇼스타코비치와 같은 작곡가에 이르기까지 살펴보겠다.

하이든의 교향곡

요제프 하이든(1732~1809년)은 혼자서 108개나 되는 교향곡을 작곡했다. 하이든만큼 많우 교향곡을 만든 작곡기는 없온 정도로 진무후무한 존재다. 저 유명한 모차르트도 41개의 교향곡을 남겼을 정도다(모차르트가 하이든보다 훨씬 젊은 나이에 세상을 떠나기는 했지만). 그래서 하이든은 종종 '교향곡의 아버지'라고 불린다. 이는 결코 잘 못된 말이 아니다. 오케스트라 음악의 꽃인 '교향곡'의 역사는 하이 든에게서 시작되었다는 말은 분명 사실이다.

그럼 왜 하이든은 교향곡처럼 만들기 힘든 작품(피아노 소나타를 100곡 작곡한 것과는 다르다. 교향곡은 많은 악기를 편곡해야 하기 때문에 더 많은 시간이 걸린다)을 그처럼 많이 작곡할 수 있었을까? 그것은 어쨌 든 그 자신이 자유롭게 이용할 수 있는 오케스트라와 극장을 가지 고 있었기 때문이다.

1761년에 헝가리의 유서 깊은 귀족 에스테르하지 가문의 부악장 으로 일한 이래, 하이든은 대부분 이 귀족을 위한 작곡으로 일생을 보냈다. 그 정도로 이 귀족과의 관계가 밀접했는데, 여기서 융숭한 대접을 받던 하이든은 이 귀족 소유의 극장과 개인 오케스트라를 자 유롭게 사용하면서 작곡을 할 수 있었기 때문에 이처럼 많은 교향곡 작품을 남길 수 있었다.

그래서 하이든의 작품이 모차르트에게 영향을 주어 교향곡의 역 사는 하이든에서 모차르트에게로 이어졌다.

모차르트의 교향곡

"모차르트의 음악은 배경음악으로 사용할 수 있으나 베토벤의 음악은 배경음악으로 사용할 수 없다."

찻집이나 레스토랑에서는 모차르트의 음악이 자주 흐른다. 그러나 베토벤의 음악은 그런 곳에서 좀처럼 들리지 않는다. 아니, 거의 들리지 않는다. 대체 왜 그럴까?

모차르트 음악은 막힘이 없는 하모니의 진행과 흐르는 듯한 리듬과 멜로디로 이루어져 있어서 크게 집중하지 않아도 즐겁게 들을 수 있다(배경음악이 지나치게 주의를 끌면 배경음악이 될 수 없다). 그런데 베토벤의 음악은 전개가 너무나 불규칙하고 다이내믹하여(강약의 변화가 아주 많아서) 배경음악으로는 부적합하다.

그런 의미에서 오케스트라 음악이라는 것은 기본적으로 배경음악용이 아니다. 피아노만의, 바이올린만의 음악과 달리, 음량 변화가 매우 격렬하고 그 변화가 갑자기 엄습해 오기 때문이다. 그렇지만 모차르트의 교향곡은 배경음악으로 자주 사용된다. 역시 교과서대로의 하모니 변화와 비교적 편성이 작은 교향곡이 낳기 때문일 것이다.

베토벤의 교향곡

베토벤만큼 다시 쓴 작품이 많은 작곡가도 드물 것이다. 모차르트는 대천재여서 자신이 작곡한 곡을 다시 쓰는 경우가 없었으며, 처음 쓴 것 자체로 완벽하다고 호언하던 사람이다. 그러나 베토벤은 곡 하나를 수없이 다시 썼다. 나중에는 처음 버전과 전혀 다른 곡이 되고 말아, 결국 여러 가지 버전을 '제 몇 번', '제 몇 번'으로 남기기도 했다. 베토벤은 상당히 우유부단한 사람이었다.

평생 9개의 교향곡밖에 남기지 않은 것은 이 교향곡이라는 스타일에 특히 집착했기 때문이며, 타고 나기를 다시 쓰고 다시 쓰는 버릇에 길들여져 다시 쓰는 데에 시간을 지나치게 허비한 탓이기도 하다. 그러나 그가 남긴 9개의 교향곡은 모든 곡이 음악사에서 빼놓을 수 없는 명곡이다. 특히 3번 〈영웅〉, 5번 〈운명〉, 6번 〈전원〉, 7번, 9번 〈합창〉은 우리 인류 역사에 소중하고도 소중한 재산이라고 할 수 있다.

슈만의 교향곡

보통 낭만주의 작곡가라고 하면 슈베르트, 슈만, 브람스, 쇼팽과 같은 음악가들을 가리키는데, 이들 작곡가의 작품이 클래식 레퍼토리로서 가장 일반적으로 알려져 있다. 그 중에서도 가장 낭만주의다운 교향곡이라면 먼저 브람스의 작품을 들 수 있을 텐데, 브람스의 스승이었던 슈만의 교향곡 역시 좀더 제대로 된 평가를 받아야 한다고 나는 생각한다.

브람스가 중후하고 낭만적이며 기억하기 쉬운 멜로디로 가득한 교향곡을 작곡했다면, 슈만은 중후하면서도 다소 언밸런스하고, 낭만적이라면 낭만적이지만 어딘지 병적이고, 멜로디가 있는 듯 없는 듯 참 신비한 느낌의 교향곡을 작곡했다.

브람스의 음악은 일반적으로 독일적이고 무거운 데 반해 슈만의 음악은 밝고 경쾌해서 좋아한다는 사람도 더러 있지만, 그리 많지는 않다. 여러 가지 평가로 나뉘는 슈만이 작곡한 4개의 교향곡. 이제 독자께서 직접 들어보고 판단해 볼 수밖에 없다.

브람스의 교향곡

이제 낭만주의 교향곡 최고 인기 작곡가의 등장이다.

우선 제1번 다단조의 평가가 매우 높다. 베토벤과 같은 고전적인 작풍을 가졌기 때문인지, 이 곡을 베토벤의 '10번 교향곡'이라고 부르는 평론가도 있을 정도다. 브람스 입장에서는 베토벤과 비교되는 것 자체가 기뻤을지 모르지만 베토벤의 '10번 교향곡'이라고까지 불리면 다소 불필요한 관심으로 느끼지 않았을까?

이밖에 4번까지의 교향곡 3개도 각각 낭만적인 선율과 조금 묵직한 긴장감으로 가득한 걸작의 연속이다. 브람스의 4개의 교향곡은 베토벤의 교향곡과 마찬가지로 오케스트라 연주회에서 항상 연주되는 주인공 중의 주인공이다. 게다가 브람스의 교향곡 작품 속의 멜로디는 미국이나 프랑스에서 팝으로 편곡되어 연주되기도 한다. 이 역시 멜로디 메이커로서의 브람스의 평가가 얼마나 높은지를 잘 보여주는 예이기도 하다.

드보르자크의 교향곡

드보르자크의 교향곡이 몇 개 있고 그가 어느 나라 사람인지 전혀 모르는 사람이라도 그가 남긴 교향곡 9번 〈신세계〉 2악장의 선율을 모르는 사람은 없을 것이다. 그 정도로 유명한 멜로디다. 이 멜로디에는 '고잉 홈(Going Home)'이라는 이름이 붙여져, 이 이름으로도 많은 사람에게 알려져 있다. '고잉 홈'이라는 타이틀을 누가 붙였는지는 알 수 없지만 이 멜로디를 들으면 신기하게도 사람들에게 "이제 슬슬 집으로 돌아가야지" 하는 기분이 들게 한다. 그런 의미에서 참으로 절묘하게 붙여진 이름이다.

연주하는 악기 역시 이 선율에 아주 딱 맞는 악기다. 잉글리시 호른(프랑스어로 '코르 앙글레'라고도 한다)이라고 불리는, 오보에와 같은 종류의 악기다. 이 악기가 솔로를 맡은 곡은 그리 많지 않은데 멜랑콜리한 선율 덕분에 이 악기의 존재도 드보르자크의 작품과 함께 널리 알려졌다.

드보르자크는 체코의 작곡가인데, 〈신세계〉라는 작품은 그가 미국 뉴욕 내셔널 음악원의 원장을 지내면서 미국에 체류하던 중에 작곡한 곡이다. 그래서 〈신세계〉라는 타이틀이 붙었다. 아마추어 오케스트라든 프로 오케스트라든 오케스트라가 연주하는 곡 중에서 가장 많은 연주 횟수를 자랑하는 교향곡이다.

그리고 드보르자크의 교향곡 9개 중에서 이 곡 다음으로 연주 횟수가 많은 것이 8번 교향곡이다. 이 역시 9번 못지않게 애수 띤 보헤

미안 분위기의 연주를 들을 수 있는 수작이다.

브루크너의 교향곡

바이올리니스트였던 비발디, 플루티스트였던 타파넬이나 고베르, 첼리스트였던 보케리니와 카잘스, 하피스트였던 사발레타, 투르니에, 다마스와 같은 사람들의 이름은 각 악기를 공부하는 사람들에게는 매우 중요한 존재들이다. 그러나 이러한 악기와는 아무런 관련이 없는 문외한에게 이들은 거의 무명에 가깝다.

안톤 브루크너라는 오케스트라 작곡가는 그리 무명은 아니지만 오케스트라 음악, 특히 교향곡이라는 장르에서는 마니아들에게 각별히 인기가 있는 작곡가다. 19세기 후반의 후기 낭만주의 시대에 속하는 작곡가이자 오르가니스트였던 브루크너는 오케스트라 편성도 오르간처럼 다루는 것으로 유명하다.

"오르간과 오케스트라는 전혀 상관없는 것 아냐?"라고 말하는 사람도 있겠지만 오르간과 오케스트라는 의외로 잘 맞는다. 오르간에는 플루트나 트럼펫 등 여러 악기의 이름에 '스톱'이라는 키가 붙어 있는데, 해당 악기 이름이 붙은 스톱을 잡아당겨서 그 악기와 같은 음을 내는 파이프에 공기를 불어넣어 음을 내는 구조로 되어 있다. 다시 말해 그 구조만을 보면 현재의 신시사이저 키보드와 매우 비슷한 악기다. 그래서 오르간만으로 오케스트라 사운드에 가까운 소리를 낼 수 있으며, 이것이 오르간 연주의 목적 중 하나이기도 했다.

그렇다면 브루크너가 자신의 교향곡에 오르간 연주라는 아이디어를 다양하게 도입한 이유도 납득이 간다.

여하튼 브루크너의 교향곡은 큰 소리(포르테)와 작은 소리(피아노)의 차이가 극단적이다. 건물 천정에서부터 벽, 바닥까지 전체가 울리는 듯한 엄청난 음량에서부터, 갑자기 아주 작디작은 음량으로 내려가는 극단적이고 다이내믹한 변화는 다른 교향곡에서는 찾아볼 수 없는 브루크너만의 사운드다(참고로 오르간 연주와 피아노 연주의 차이는 매우 크다).

그리고 음이 갑자기 멈춰서 다음 섹션으로 변화하기까지 한순간 찾아오는 무음 상태도 브루크너의 음악이 지닌 특색 가운데 하나다. 이는 오르가니스트가 음색을 변화시키기 위해 다른 키를 칠 때 시간이 필요하기 때문일 것이다. 베토벤의 오케스트라 작품에도 갑자기 조가 바뀌면서 전혀 다른 공간으로 순간이동하는 듯한 때가 있다. 이로 인해 상당히 로맨틱한 멜로디를 곳곳에서 들을 수 있는데, 이 역시 베토벤과 브루크너의 닮은 점이라고 할 수 있다. 이는 독일 낭만주의 음악에서 브루크너가 '교향곡의 마지막 황제'라고 불리는 이유일 것이다.

차이코프스키의 교향곡

차이코프스키 하면 발레, 발레 하면 차이코프스키라고 말할 정도로 차이코프스키의 이름은 〈백조의 호수〉, 〈잠자는 숲속의 미녀〉, 〈호두까기 인형〉 등의 고전 발레 명작과 떼려야 뗄 수 없다.

스트라빈스키의 〈봄의 제전〉도, 라벨의 〈볼레로〉도 모두 발레를 위한 음악 작품이기 때문에 매우 정교하게 편곡되었다. 실제로 차이코프스키의 편곡은 정교하며 매우 다채롭다. 다만 6개의 차이코프스키 교향곡에는 단지 편곡이 훌륭하다는 것만으로 충분하지 않은 아주 특별한 향기가 있다.

한편 차이코프스키의 교향곡에는 반드시 '러시아적'인 민요를 닮은 선율이 등장한다. 1번은 〈겨울날의 환상〉이라는 타이틀이 붙어 있어서, 아무래도 '러시아 대지의 황량한 풍경'이라는 이미지가 떠오른다. 2번은 처음부터 〈소러시아〉라는 타이틀이 붙어 있다. 3번은 〈폴란드〉. 여기까지는 타이틀이 붙어 있고, 4번과 5번은 타이틀이 없다. 그렇지만 연주회에서 연주되는 레퍼토리로서는 4번과 5번이 훨씬 유명하다.

그러니 차이코프스키의 교향곡 중에서 가장 유명한 곡은 마지막 교향곡인 6번 〈비창〉이다. 차이코프스키가 사망한 때가 1893년. 이 교향곡이 작곡된 때 역시 1893년이다. 차이코프스키는 자신이 지휘한 이 곡의 초연이 있은 지 불과 9일 뒤에 사망했다. 이 작품은 음울하고 어두운 내용의 곡과 그의 죽음이 너무나도 잘 매치되어 있다. 그래서 그 자신이 쓴 '유서'이고 사인도 자살이라는 소문이 초연이 있은 뒤 돌았던 것도 무리가 아니다(콜레라로 사망했다는 설은 최근 부정되었다). 그 정도로 〈비창〉이라는 교향곡은 참으로 '슬프고도 슬픈' 느낌이 드는 곡이다.

일반적으로 교향곡은 화려한 피날레로 대단원의 막을 내리는데 이 곡만은 다르다. 더 이상 표현할 길 없는 침통한 대목이 반복되면서 마지막에는 조용히 숨을 거두듯이 끝을 맺는다. 이 곡의 피날레를 듣고 나면 박수는커녕 탄식조차 할 수 없을 정도로 장내에 정적이 흐른다. 일반적인 교향곡과는 전혀 다른 사운드와 스타일을 가진 작품이다.

말러의 교향곡

작곡가든 연주가든 대체로 인간이 표현하는 행위에는 그 사람의 내면이 그대로 드러난다. 아니, 인간의 표현이라는 것은 궁극적으로 그것밖에 표현할 것이 없다.

그런 의미에서 말러의 작품은 가슴 답답한 심리상태와 아름다움에 대한 극단적인 집착 그리고 아이와 같은 천진함과 순진함이라는 말러의 인간적인 내면이 그대로 '음악'에 표현되어 있다. 따라서 말러의 교향곡을 이와 같은 생각을 갖고 들으면 의외로 쉽게 이해할 수 있다.

로맨틱한 생각, 옛날 이야기를 들으며 노는 듯한 신비한 감정 그리고 때로는 이상하리만치 '죽음'을 의식하는 가슴 답답한 심리상태. 이와 같은 느낌이 1번 〈거인〉, 2번 〈부활〉, 가장 인기 있는 4번, 9번, 교향곡 〈대지의 노래〉 등 말러의 11개의 교향곡에 공통적으로 표현되어 있다.

요컨대 말러 역시 기독교적인 '선과 악', '천국과 지옥', '생과 사'라는 이원론을 음악적으로 표현한 작곡가라고 할 수 있다. 구체적으로 말하면 말러는 '노래'로 '치유(=기도)'를 표현하거나, 트럼펫이나 팀파니로 '분노'를 표현하거나, 플루트나 글로켄슈필(철금鐵琴) 등의 소리로 순진무구한 아이들의 목소리를 표현했다. 말러의 영혼이 인생의 여러 사건으로 방황할 때마다 그의 음악도 다양한 표현으로 방황한다.

작곡가의 정신상태가 직접 표현되는 그의 교향곡들이지만, 오케스트라 음악을 통해 진정 깊은 정신의 여행을 떠나고자 하는 사람이라면 말러의 교향곡들을 적극 추천해 주고 싶다. 그 중에서도 4번을 먼저 들어보기를 강력히 추천한다. 그래서 "어, 어쩌면 이 작곡가의 음악을 좋아하게 될지도 모르겠네"라는 생각이 든다면 분명 앞으로 말러의 팬이 될 것이다. 그러나 곡을 듣고 나서도 "모르겠다"는 생가이 든디면 앞으로 이 직곡가를 이해하기 어려울 수도 있다.

시벨리우스의 교향곡

음악을 말로 설명하는 것만큼 어려운 일도 없다. 극단적으로 말하면 음악을 말로 설명하는 일은 불가능하다. 이렇게 오케스트라에 관한 이야기나 오케스트라에 관한 악기와 작품에 대해 말하고 있어도 실제로 그 소리는 전혀 들리지 않는다. 들리지 않는 소리를 말로 이해시키고자 지금 열심히 노력하고 있지만, 특히 핀란드가 낳은

20세기 교향곡의 마지막 대작곡가 시벨리우스의 작품이 가진 신비로운 분위기는 정말이지 어떻게 설명하면 이해시킬 수 있을지 고민스럽지 않을 수 없다.

시벨리우스의 음악에는 다른 작곡가에게는 없는 특색이 있다. 분명하게 다른 사운드가 거기에 존재하기 때문에 '달다' 혹은 '맵다'는 단순한 말로는 그것을 다 설명할 수 없다. 시벨리우스의 음악을 "북유럽적인 투명함이 있는 음악"이라고 표현하는 글을 자주 접하는데 좀더 구체적인 표현이나 말은 없을까?

시벨리우스의 음악에는 모드(＝선법), 즉 중세의 그레고리오 성가에서 사용한 음계가 곳곳에서 사용되었다는 점에 대해 앞에서 이미 말했다. 그가 작곡한 7개의 교향곡은 모두 이와 같은 교회 선법으로 작곡되었다고 해도 좋을 정도로 그의 음악에 모드는 빼놓을 수 없는 존재다.

여기서 교회 선법이 어떤 것인지 자세히 설명하면 도리어 독자를 혼란스럽게 만들 것이므로 그런 설명은 하지 않겠지만, 그렇더라도 이미지를 그려보기 바란다는 부탁은 하고 싶다. 교회 선법으로 작곡된 음악과, 모차르트나 베토벤의 음악은 분명 다르다.

모드로 작곡된 음악과, 모차르트나 베토벤처럼 도레미파 음계를 기본으로 작곡된 음악은 음의 진행 방법이 다르다. 도레미 음계에서는 아무리 긴 음악이라 해도 멜로디가 시작되면 반드시 끝이 있다. 그리고 또 다른 멜로디가 시작되었다가 끝나기를 반복하면서 5분, 10분, 20분짜리 곡이 어느 순간 모양을 갖추어 간다.

그러나 교회 선법이라는 음계는 이와 달리 시작과 끝이 그리 분명하지 않다. 하모니가 분명하지 않은 사운드를 가진 민속음악과 비슷하다. 그래서 교회 선법을 들으면 왠지 이국적이고 먼 세계(이를 '저 세상'이라고 하는 사람도 있고, '천국'이라고 하는 사람도 있을 것이다)가 이미지로 그려질 것이다. 시벨리우스의 교향곡은 그러한 분위기를 내뿜고 있다. 이러한 점 때문에 시벨리우스의 작품을 '북유럽적' 혹은 '투명한 세계'라고 표현하는지도 모른다.

쇼스타코비치의 교향곡

시벨리우스를 "20세기 교향곡의 마지막 대작곡가"라고 표현했는데, 중요한 인물이 또 한 사람 있다. 쇼스타코비치 역시 20세기 최후의, 최고의 교향곡 작곡가 중 한 사람이다.

'음악과 정치'란 '스포츠와 정치'와 마찬가지로 같은 선상에 놓을 것이 아니라는 말이 있다. 이는, 음악이라는 문화나 스포츠 선수의 순수한 마음이 정치판의 도구로 이용되어서는 안 된다는 말인데, 사실 그렇지 않다. 음악이나 정치나 그것의 본질은 마찬가지이기 때문에 오히려 두 가지를 분리해야 하는 것으로 해석하는 것이 옳다.

그러나 소련과 같은 사회주의 국가나 나치 독일과 같은 전체주의 국가에서는 의도적으로 이 두 가지를 같은 장르에 두었다. 그리고 이들을 철저히 관리하려 했다. 그 결과, 소련이라는 사회주의 국가에서 태어난 작곡가 쇼스타코비치도 당국의 검열과 탄압 속에서 음악 활동을 해야 했으며, 그로 인해 특이한 인생 행보를 걸어야 했다.

소련이 붕괴하고 러시아라는 국가가 들어서면서 쇼스타코비치의 음악을 재평가하려는 움직임이 나왔다. 그는 소련 시대에 국가의 제재와 감시를 견뎌온 불굴의 음악가였다. 그의 진정한 의지와 음악성과 표현이 이해를 받기 시작한 것은 바람직한 일이다.

이러한 관점에서 쇼스타코비치가 작곡한 15개의 교향곡을 보면 매우 묵직한 메시지를 읽어낼 수 있다. 그 메시지를 여기서 전부 설명할 수는 없으므로, 만약 독자가 오케스트라 연주회 프로그램에서 쇼스타코비치의 교향곡을 발견하게 되면, 이러한 배경을 염두에 두고 들었으면 한다. 아마 독자가 연주회에서 들을 수 있는 곡은 이 15개 작품 가운데 1번(피아노가 오케스트라에서 활약하는 작품. 그의 작품 중에서는 가장 듣기 편한 작품 중 하나), 5번(그의 교향곡 중에서 가장 자주 연주되는 작품), 7번〈레닌그라드〉, 10번 그리고 15번 등 다섯 곡이지 않을까 싶다.

자신의 생각과 양립할 수 없는 사회에서 창작활동을 해야 했던 한 예술가의 고뇌는 무엇이었을까? 이를 읽어내는 일도 그의 작품들을 감상하는 즐거움 중 하나일 것이다.

협주곡이라는 오케스트라 음악

카덴차를 들어라

협주곡(콘체르토)이라는 것도 소나타나 교향곡과 똑같은 소나타 형식으로 작곡된 음악이다. 다른 점은 편성뿐이다. 소나타는 피아노나 바이올린 등의 솔로(반주가 있어도)로 연주할 수 있는 것이고, 교향곡은 오케스트라에서 연주할 수 있는 것, 그리고 협주곡은 이 두 가지가 조합을 이룬 것이라고 할 수 있다. 다시 말해 솔로 악기와 오케스트라가 소나타 형식의 음악을 연주하는 것이 협주곡이다.

협주곡은 음악적인 형태가 완벽하게 완성되어 있기 때문에 아주 단단한 인상을 주는 작품이 많다. 형식이 완전히 자유로운 곡과는 달리, 처음부터 소나타 형식이라는 틀을 갖추고 있기 때문이다. 제시부에서 시작되어 전개부로 진행되어 재현부로 돌아가고 종결부로 이어지면서 끝나는 형태는 교향곡이나 소나타나 크게 다르지 않지만, 협주곡에는 협주곡만의 특징을 보여주는 장치가 하나 마련되어 있다. 그것이 바로 카덴차라는 솔로 악기의 솔로 부분이다. 카덴차는 재현부 끝과 종결부 시작의 경계 부분에 오는 경우가 많은데, 이곳에서만은 오케스트라가 모두 침묵을 지키고 솔리스트에게 모든 것을 맡긴다. 따라서 이 카덴차에서는 청중뿐 아니라 오케스트라 단원이나 지휘자까지도 모두 솔리스트의 연주를 듣는, 매우 진기한 광경이 연출된다. 아마 오케스트라 연주회에서 이와 같은 광경을 볼 수 있는 것은 협주곡 외엔 없을 것이다.

여하튼 협주곡에는 솔로 악기가 필요하다. 일반적으로는 피아노 협주곡, 바이올린 협주곡이 가장 많지만 협주곡 솔로 악기는 거의 모든 악기가 가능하다. 플루트 협주곡, 트럼펫 협주곡 등은 물론이고 만돌린 협주곡(비발디의 작품이 유명), 시타르 협주곡(라비 샹카르라는 인도의 유명한 시타르 연주자가 작곡한 협주곡이 있다), 하모니카 협주곡(브라질의 작곡가로 〈바키아나스 브라질레이라스〉라는 작품을 작곡한 빌라 로보스의 하모니카 협주곡이 유명하다)까지 있다.

어떤 악기의 협주곡도 가능하지만 연주회장에서 오케스트라의 음량과 대등하게 음을 낼 수 있을 만한 음량이 안 되면 솔로 악기의 소리가 들리지 않기 때문에, 하모니카처럼 음량이 작은 악기의 경우에는 마이크로 소리를 크게 하는 경우가 많다(기타나 만돌린도 음량이 작기 때문에 통상 마이크를 준비한다).

여기에서는 연주회 프로그램에 자주 등장하는 협주곡의 레퍼토리 중에서 몇 가지에 대해 해설해 보고자 한다.

모차르트의 〈피아노 협주곡 21번〉

모차르트는 다양한 협주곡을 작곡했다. 그리고 그 모든 곡이 오케스트라의 중요한 레퍼토리다. 27개의 피아노 협주곡, 7개의 바이올린 협주곡, 2개의 플루트 협주곡, 클라리넷 · 오보에 · 파곳의 협주곡이 각각 한 개씩 있다. 그리고 4개의 호른 협주곡, 플루트와 하프를 위한 협주곡, 바이올린과 비올라를 위한 협주곡 등등이 있다.

서양 음악 사상 최초의 인디펜던트 직업 음악가(즉 프리랜서 뮤지션)라고 불리는 모차르트이기 때문에, 의뢰받은 작품료가 바로 생활비라는 생각으로 그는 어떤 의뢰도 받아들였다고 한다. 때로는 의뢰인과 돈 문제로 마찰이 생겨 돈을 제대로 받지 못한 일도 있었다고 하는데, 그가 작곡한 곡의 높은 수준과 깊이 있는 내용은 타의 추종을 불허했다. 특히 피아노 협주곡이라는 장르는 모차르트에서 시작되었다고 해도 지나치지 않다.

모차르트가 작곡한 27개의 협주곡은 처음부터 완성도가 높은 것은 아니었으나(모차르트의 시대에 피아노라는 악기는 아직 발전 중인 악기였다), 20번 작품부터는 완성도가 급격히 높아졌으며 그 깊이도 한꺼번에 더해졌디. 이 피아노 협주곡 21번은 클래식 음악 중에서 영화음악으로 가장 사용 빈도수가 높은 곡으로 유명하다. 물론 연주회에서의 연주 횟수도 매우 많다. 특히 2악장(영화 속에서 사용되는 곡은 이 악장의 멜로디)의 아름다운 선율은 최고다.

베토벤의 〈바이올린 협주곡〉

베토벤은 모차르트와 달리 협주곡을 별로 남기지 않았다. 그러나 바이올린 협주곡과 5개의 피아노 협주곡은 모두 연주 횟수도 많으며, 당연하겠지만 이 바이올린 협주곡의 팬도 많다.

이 곡의 매력은 뭐니뭐니해도 아름다운 멜로디와 드라마틱한 음악의 전개에 있다. 스케일(음계)과 아르페지오(펼침화음, 분산화음)가 프레이즈(악구)로 자주 사용되는 모차르트에 비해, 베토벤의 프레이즈는 단순한데다 철학적이다. 곡 자체에 소설이나 철학서와 같은 드라마성과 보편적인 메시지가 담겨 있는데, 그의 음악을 들을 때 가장 포인트가 되는 점이 바로 이것이다. 하나하나의 프레이즈 자체가 다양한 사람들의 '인생이 있는 순간'을 차용해 표본으로 삼은 것이라고 생각될 만큼 드라마틱하고 깊이 있게 표현되었다.

바흐의 〈브란덴부르크 협주곡〉

시대의 앞뒤가 다소 뒤바뀌었으나, 바흐도 협주곡을 많이 작곡했다. 다만 이 시대의 협주곡은 현대 소나타 형식의 협주곡으로 자리를 잡기 직전의 스타일이다. 오케스트라와 솔로 악기가 서로 주고받으면서 소나타를 만들어가는 일반적인 협주곡과는 조금 다르다. 무엇이 다른가 하면, 바흐의 협주곡은 리토르넬로 형식과 소나타 형식이 어우러진 듯한 형태라고 할 수 있다.

다시 말해, 이렇다.

리토르넬로란, 솔로 악기가 연주한 프레이즈가 그 직후에 투티(오케스트라 전부가 연주하는 것)로 연주되고, 다시 솔로가 이어지고, 또 다시 투티로 연주되는, '솔로와 투티가 교차하면서 연주하는 형식'이라고 간단하게나마 정의할 수 있다. 바로크 시대 이전의 오케스트라에서는 솔리스트와 리피에노 연주자(투티 부분을 합주하는 연주자)가 분명하게 구분되어 있었기 때문에 이와 같은 리토르넬로 형식의 연주를 쉽게 할 수 있었다. 그러나 모차르트 이후에는 오케스트라 연주자의 연주 기술이 향상되어 오케스트라 멤버끼리의 이와 같은 역할 분담은 완전히 그 모습을 감췄다.

따라서 브란덴부르크 협주곡을 들으면 이 6개의 협주곡에 옛 시대의 협주곡과 새로운 시대의 협주곡 스타일이 잘 섞여 있다는 사실을 알 수 있다.

1번에는 호른이 솔로 악기로 사용되었다(당시에는 코르노 다 카차라고 불리던 악기).

2번은 마치 트럼펫 협주곡처럼 트럼펫의 화려한 기교와 음색이 표현되어 있다.

3번은 현악 합주만으로 이루어진 차분한 곡이다.

4번은 리코더와 바이올린이 서로 주고받는 바로크풍의 소담스러운 협주곡이다.

5번은 이 6개의 브란덴부르크 협주곡 중 가장 연주 빈도가 높은 곡으로, 트라벨소와 바이올린 그리고 쳄발로 등 세 악기가 솔로 악기로 서로 어우러진 화려한 협주곡이다.

마지막으로 6번은 악기 편성이 매우 독특하다. 현악기만으로 구성된 합주인데 바이올린이 없다. 바이올린은 오케스트라의 주역인데 그 주역이 없는 오케스트라가 비올라, 첼로, 더블베이스라는 음이 낮은 악기만으로 연주하는 것이다. 당연하겠지만 매우 차분한 울림이 있는 협주곡이다. 바흐라는 음악가의 무게감과 현대성(그의 음악이 가진 모던한 울림에 놀라움을 금치 못할 때가 있다)을 아주 강렬하게 느낄 수 있는 작품이다.

라흐마니노프의 〈피아노 협주곡 2번〉

피아노는 좀 특이한 악기다. 낭만주의 시대의 대피아니스트이자 작곡가인 리스트는 피아노 한 대로 베토벤의 9개 교향곡 모두를 연주하여 그것을 악보로 남겼다. 이처럼 피아노는 한 대만으로도 오케스트라의 모든 악기를 재현할 수 있을 정도로 편리한 악기지만 오케스트라 입장에서 보면 참 까다로운 상대이기도 하다.

바이올린이나 플루트 등의 오케스트라 악기는 연주하는 모든 음의 피치(음높이)를 각자 스스로 조정한다. 자신의 음이 기준 음이지만 함께 합주하는 상대방의 악기보다 높다고 생각하면 낮추고 낮다고 생각하면 올려서 조정한다. 이 역시 연주자의 중요한 일 가운데하나다. 그러나 피아니스트는 이런 일을 하지 않는다. 아니, 하고 싶어도 할 수가 없다. 조율사에게 미리 조율하도록 한 음정을 연주 중에 피아니스트가 조정하는 일은 거의 불가능하기 때문이다. 그런 까닭에 피아니스트는 마치 왕처럼 "자, 내가 내는 음에 모두들 맞추시오" 하는 양상이 된다. 그러나 이때 음을 맞추는 일이 그리 간단하지가 않다.

현악기는 현악기, 플루트는 플루트, 호른은 호른대로, 악기 나름의 독특한 음정 감각이 있다. 그리고 같은 플루트라도 악기 제작자에 따라 음정의 특성이 미묘하게 다르다. 연주자는 그러한 미묘한 음정의 차이를 연주가 한창인 중에도 끊임없이 조정하면서 연주해야 한다. 이러한 조정을 전혀 하지 않는(할 수 없는) 피아노를 오케스트라에 아무렇게나 투입하면 과연 어떻게 될까? 융통성 없는 한 사람 때문에 99명이 큰 피해를 입게 되고 연주자들이 모두 폭발하고 말 것이다.

그래서 피아노는 오케스트라의 한 파트로서 지정석을 확보하는 일은 있을 수 없다고 나는 생각하지만 그건 내 생각이니 그렇다 치고, 일반적으로 피아노 협주곡은 오케스트라의 레퍼토리 중에서 상당히 인기가 높은 레퍼토리인 것은 분명하다. 그 중에서도 1위, 2위의 인기를 다투는 곡이 라흐마니노프의 피아노 협주곡 2번과 차이코프스키의 피아노 협주곡 1번(모두 러시아 작곡가의 작품이라는 점은 우연?)이다.

라흐마니노프가 남긴 4개의 피아노 협주곡 중에서도 최고 걸작이라고 하는 2번의 로맨틱한 울림은 러시아는 물론이고 일본, 미국 등 전세계에서 아주 인기가 많다. 특히 이 곡의 3악장 테마에는 영어 가사가 붙여졌고 팝튠으로까지 만들어졌다.

엘가의 〈첼로 협주곡〉

엘가(1857~1934년)의 행진곡 〈위풍당당〉은 미국이나 영국에서 졸업식 테마곡으로 가장 인기 있는 곡이다.

엘가가 작곡한 첼로 협주곡도 〈위풍당당〉과 마찬가지로 전세계에서 인기가 높다. 다만 이 곡이 첼로의 명곡으로 드보르자크나 보케리니(1743~1805년)의 첼로 협주곡과 나란히 연주회에 자주 등장하게 된 이유를 생각할 때, 자클린 뒤 프레라는 불세출의 천재 첼리스트의 존재를 빼놓고는 이야기할 수 없다.

자클린 뒤 프레는 연주 활동의 최절정기에 다발성 뇌척수 경화증이라는 불치병에 걸려 42세의 나이에 세상을 떠난 천재 여성 첼리스트. 파란만장했던 그녀의 인생을 엘가의 첼로 협주곡만큼 상징적으로 표현하는 곡은 없을 것이다. 드라마틱한 표현과 깊은 서정성은 듣는 사람의 마음과 영혼을 요동치게 한다. 뒤 프레 없는 엘가의 이 작품은 상상조차 할 수 없다. 그 정도로 그녀는 명연주를 남겼다.

화려한 오케스트라 편성과 감정 기복이 많은 드보르자크의 첼로 협주곡과 슈만의 첼로 협주곡, 단정하고 건강하며 진지한 표정을 유지하는 보케리니의 첼로 협주곡 등의 세 곡과 나란히 첼로 협주곡의 최고 걸작으로 평가받는 엘가의 첼로 협주곡. 꼭 한번 들어보기를 바란다(물론 자클린 뒤 프레의 연주로).

그밖의 협주곡

19세기, 바이올린의 최고 달인 파가니니(1782~1840년)는 6개의 바이올린 협주곡을 남겼다. 물론 모두 바이올리니스트에게는 최고 난도의 명곡.

앞에서 언급한 내용과 중복되지만 바이올린 협주곡으로 자주 연주되는 명곡은 브람스, 베토벤, 시벨리우스, 브루흐, 멘델스존, 차이코프스키 등이 있다.

피아노 협주곡으로는 차이코프스키(1번), 라흐마니노프(4곡), 모차르트(27곡, 그 중 두 개는 솔로 피아노가 아니다), 베토벤(5곡) 이외에도 그리그, 슈만, 라벨(2곡), 리스트(1번), 쇼팽(2곡), 브람스(2곡) 등의 작품이 연주회 프로그램에 자주 등장하는 곡들이다.

보기 드문 협주곡으로 리하르트 슈트라우스의 호른 협주곡(2곡), 모차르트의 오른 협주곡, 훔멜(1778~1837년)의 트럼펫 협주곡, 헨델(1685~1759년)의 하프 협주곡, 마르첼로의 오보에 협주곡 그리고 스페인의 작곡가 로드리고(1901~1999년)가 작곡한 기타를 위한 〈아랑후에스 협주곡〉 등이 협주곡의 주요 곡으로 연주회에서 자주 연주된다.

오페라나 발레 등의 오케스트라 음악

몇 명 안 되는 작곡가들

오케스트라는 연주회장에만 있는 존재가 아니다. 연극(오페라도 포함)의 반주나 발레, 댄스의 반주를 오케스트라가 담당하기도 한다. 통상적인 연주회장에서의 연주와 다른 점은 오케스트라가 무대 위가 아니라 '피트'라는, 무대와 객석 사이의 기묘한 공간에 들어가 연주를 한다는 것이다.

피트라는 것은 '오목하게 들어간 곳'을 말한다. 무대와 객석 사이에 오목하게 들어간 곳을 만들어 그곳에 오케스트라 단원이 자리하고 음악을 연주한다. 좀 옹색한 느낌도 있지만 오케스트라의 사운드가 어느 정도 모아진 형태로 객석 쪽으로 나오기 때문에 재미있는 음향 효과를 기대할 수 있다. 다만 연주자들은 이 오목하게 들어간 곳에 들어가 있어서 무대 위를 볼 수 없다(피트의 구석진 자리에 있는 하프나 타악기 등의 일부 연주자는 때때로 무대를 엿보기도 한다고 하지만).

피트 오케스트라의 경우, 무대를 보고 있는 사람은 지휘자뿐이어서 지휘자가 무대의 연기자(무용수나 배우나 가수)가 하는 퍼포먼스를 보고 그것을 피트 안의 오케스트라 연주자들에게 전달하여 무대와 피트 전체를 통합하는 역할을 맡는다. 모든 상황을 파악할 수 있는 장소에 있는 사람은 지휘자뿐이기 때문이다.

발레 작품에서 자주 상연되는 것은 차이코프스키의 〈백조의 호수〉, 〈잠자는 숲속의 미녀〉, 〈호두까기 인형〉, 스트라빈스키의 〈불새〉, 〈봄의 제전〉, 〈페트루슈카〉, 라벨의 〈라 발스〉, 〈다프니스와 클로에〉, 〈마 메르 루아〉, 하차투리안의 〈가이느〉, 〈스파르타쿠스〉, 드뷔시의 〈유희〉, 〈장난감 상자〉, 코플랜드(1900~1990년)의 〈로데오〉, 〈애팔래치아의 봄〉 등의 작품으로, 정말 몇 명 안 되는 작곡가들이 이 분야에서 작품을 남겼다.

오페라도 마찬가지로 어떤 의미에서 특이한 분야인데, 여기에도 전문가들이 있다. 푸치니와 베르디와 같이 오페라를 중심으로 작곡한 음악가도 있고, 한편으로 오페라 작품은 거의 작곡하지 않은 사람도 있다. 바흐, 슈만, 슈베르트, 브람스, 스트라빈스키 등은 오페라 이외의 장르에서 자신들의 개성을 확립했기 때문에 오페라에는 열정을 보이지 않았다.

게다가 오페라에는 언어 문제가 있다. 독일어로 된 오페라인지, 이탈리아어로 된 오페라인지 혹은 프랑스어로 된 오페라인지?

오페라와 언어

먼저 독일어로 된 오페라의 대표작에는 모차르트의 〈마술피리〉, 베토벤의 〈피델리오〉, 바그너의 〈탄호이저〉, 〈트리스탄과 이졸데〉, 〈니벨룽의 반지〉, 리하르트 슈트라우스의 〈살로메〉, 〈장미의 기사〉,

〈엘렉트라〉 등이 있다.

한편 이탈리아어 오페라는 16세기에 〈포페아의 대관〉을 작곡한 몬테베르디로 시작되어 로시니의 〈윌리엄 텔〉, 〈세미라미데〉, 도니체티의 〈사랑의 묘약〉, 벨리니의 〈노르마〉, 베르디의 〈라 트라비아타〉, 〈운명의 힘〉, 〈오텔로〉, 푸치니의 〈토스카〉, 〈나비부인〉, 〈투란도트〉, 마스카니의 〈카발레리아 루스티카나〉, 조르다노의 〈안드레아 셰니에〉 등이 전세계 오페라 극장 어딘가에서 늘 상연되는 명작이다. 역시 오페라 하면 이탈리아 오페라인 것이다.

물론 프랑스어로 된 오페라도 있다. 예를 들면 비제의 〈카르멘〉, 오펜바흐의 〈지옥의 오르페우스〉, 드뷔시의 〈펠레아스와 멜리장드〉 등이 있지만 왠지 조금 다른 느낌이 든다. 과연 어디가 다른 것일까?

역시 언어가 다르다는 이유를 댈 수밖에 없을 것 같다. 본래 입을 크게 벌리고 말을 하는 언어가 아닌 프랑스어는, 입을 크게 벌리고 노래를 하는 오페라와 어울리지 않는다. 솔직히 말해 서로 맞지 않는다.

오페라에서 노래로 흐르는 프랑스어는 거의 프랑스어로 들리지 않는다(〈카르멘〉의 프랑스어는 알아듣기가 참으로 어렵다). 모음, 자음 모두 분명하게 입을 벌려 말하는 이탈리아어야말로 오페라에 적격이 아닐까?

가볍게 들을 수 있는 오케스트라 음악

무시할 수 없는 영화음악

마지막으로, 영화음악도 오케스트라 음악으로 소개하려 했으나, 이 얘기를 시작하면 끝이 날 것 같지 않다. 영화음악의 작품과 작곡가는 너무나도 많기 때문에. 그래서 영화음악과 클래식 오케스트라 음악의 관련성에 대해서만 기술하고자 한다.

르로이 앤더슨(1908~1975년)이라는 미국의 작곡가가 있다. 그는 〈고장난 시계〉, 〈타이프라이터〉, 〈나팔수의 휴일〉, 〈썰매타기〉 등의 작품을 작곡한 사람이다. 그러나 이들 작품은 너무 대중적이어서 모두들 르로이 앤더슨의 작품이라는 것을 전혀 모른 채 쉽게 듣고 있다. 그런데 르로이 앤더슨의 음악을 위해 '라이트 클래식(light classic)'이라는 새로운 장르까지 만들어졌다. 만약 클래식 음악의 히트 차트가 있다면, 분명 대히트 넘버원의 유행 작곡가에 들어갈 사람이다.

히치콕 영화의 대부분의 음악을 작곡한 버나드 허먼(1911~1975년)은 사실 클래식 음악 작곡가다. 영화 〈사이코〉의 음악이나 〈택시 드라이버〉의 음악도 모두 그가 클래식 음악 이론을 바탕으로 작곡해 탄생시킨 히트 영화음악이다. 그리고 영화 〈죠스〉나 〈스타워즈〉

의 음악을 작곡한 존 윌리엄스의 음악도 잘 들어보면 "어라, 드보르자크의 〈신세계〉 4악장과 비슷하네"(〈조스〉), 혹은 "〈스타워즈〉 음악은 바그너나 홀스트 음악 세계와 거의 비슷하네"라는 인상을 받는 사람도 많다. 그도 그럴 것이 작곡 기법만 보면 바그너나 홀스트와 완전히 똑같기 때문이다.

20세기 미국 최고의 작곡가 중 한 사람인 레너드 번스타인 (1918~1990년)은 세계 최고의 오케스트라 중 하나인 뉴욕 필하모니 오케스트라의 지휘자를 오랫동안 지낸 사람이기도 하다. 그가 작곡한 〈웨스트사이드 스토리〉는 영화음악의 최고 걸작 중 하나일 뿐 아니라 음악사상 최고 걸작 중 하나로 꼽히기도 한다.

이처럼 20세기 이후의 음악세계는 클래식 음악과 훌륭한 영화음악 사이의 벽이 거의 존재하지 않는다.

오케스트라의 훌륭한 표현력

클래식 작품에서부터 팝, 영화음악까지 그 넓은 표현의 폭은 오케스트라라는 존재가 있기 때문에 가능하다. 피아노만으로도 음악을 표현할 수 있으며, 바이올린만으로도 무언가를 표현해 낼 수 있다. 그러나 딱따구리를 타악기로 표현해 보거나, 범죄자의 이상 심리를 바이올린의 고음으로 표현해 보거나(〈사이코〉), 우아하게 수면 위를 헤엄치는 백조의 모습을 첼로로 표현하는(〈동물의 사육제〉) 일 등은 오케스트라 편성의 즐거움이기도 하다. 동시에 "이런 것도 저

런 것도 오케스트라는 표현할 수 있구나" 하며 놀라게 되는 경우
도 많다.

인생의 모든 희로애락을 이렇게 혹은 저렇게 표현해 주는 오케스
트라 음악을 마음 편하게 즐기다 보면, "흐음, 오케스트라 음악은 정
말 우리 인생의 여러 가지를 제대로 표현해 주는구나" 하는 사실을
깨닫게 될 것이다. 교향곡에서 시작하든 영화음악에서 시작하든 대
중적인 명곡에서 시작하든 중요한 것은 오케스트라 음악이 주는 힘
과 즐거움을 느끼는 것에서부터 시작하면 된다.

여하튼 한번 클래식 연주회장에 가보면 된다. 무엇이든 '알아보
자', '느껴보자' 하는 호기심만 있다면 절대로 따분하지 않을 것이
기 때문이다.

7장

오케스트라의 미래

'오케스트라'라는 조직

오케스트라는 과연 어떤 조직에 속해 있을까?

오케스트라 단체는 대개 사회법인, 재단법인, 혹은 NPO 법인의 형태로 규정되어 있다. 그리고 각각의 오케스트라에는 이사회와 전속 스태프가 사무를 담당하는 사무국이 있고, 실제 연주 활동에 종사하는 연주가가 단원으로 있다.

좀더 이 규정을 자세히 살펴보면, 일본 오케스트라 연맹의 정식 회원으로서 프로 오케스트라가 되려면 "고정 급여를 지급하는 멤버로 구성된 2관 편성 이상의 오케스트라" 혹은 "운영 주체로서 사무국 조직을 보유한 오케스트라"여야 한다는 규정이 있다.

즉 어느 정도 큰 규모의 편성으로, 스태프와 연주자 모두가 매월

안정된 봉급을 받는 사람들의 조직이어야 한다는 것이다. 이 점만 보면 일반 회사의 규정과 그리 차이가 없다.

그러나 또 다른 규정을 보면 "정기 회원제를 채택하여 연 5회 이상의 정기 연주회를 비롯한 자체 연주회를 10회 이상 개최하는 오케스트라"라고 되어 있어 규정이 구체적이다.

오케스트라의 비용

오케스트라는 차량이나 화장품 등의 구체적인 물자를 만드는 회사가 아니다. 오케스트라가 만들어내는 것은 눈에 보이지 않는다. 형태를 갖추지 않은 '음악'이라는 것을 만들어낸다. 이를 듣고 싶어 하는 관객이 있고 이러한 사람들이 입장료를 내거나 혹은 개인이나 기업이 그에 상응하는 대가를 지불함으로써 오케스트라는 수익을 얻게 된다. 차량이나 화장품이라면 세상 사람들은 그것이 비싼지 싼지 판단하기가 쉽지만 음악과 관련해서는 입장료가 적절한지에 대해 사람에 따라 지역에 따라 각각 다를 것이다.

더구나 오케스트라 하나를 통째로 빌리려면 "도대체 얼마나 들까?"라는 말의 의미를 감각적으로 즉각 이해할 수 있는 사람은 드물다.

단순하게 생각하면 오히려 이해하기 쉬울지 모른다. 1회 연주회에서 단원 한 사람의 출연료가 2만 엔 정도라고 가정하자(실제로 이와 같은 계산 방법을 쓰는 것은 아니다). 단원이 100명이라면, 이미 이 비용만으로 200만 엔이다. 그리고 여기에 스태프의 인건비, 교통비, 그밖의 기자재나 설비비 등 제반 경비를 더하면 이것만으로 400만 엔이나 500만 엔을 가볍게 초과할 것이다. 다시 말해 오케스트라라는 상품을 사려는 사람이나 단체는 연주가 한 사람 한 사람에게 2만 내지 3만 엔 정도의 연주를 바라는 것만으로, 실제로는 수백만 엔을 지불해야 하는 것이다.

이 '연주'라는 상품을 통째로 사려는 사람이 있는 경우라면 오케스트라는 자체적으로 연주회를 개최할 필요가 없다. 그러나 이러한 사람이 없는 경우에는 자신들의 가게(자신들의 가게가 있다면 괜찮지만 없는 경우에는 다른 사람의 가게를 빌려야 한다)에서 '연주'를 팔아야 한다. 한 사람당 4,000엔이나 5,000엔 하는 입장료를 판매하여 여기에서 수백만 엔의 비용을 충당해야 하는 것이다. 이것이 자체 연주회가 갖는 의미다. 그리고 이를 정기적으로 개최하는 것이 정기 연주회다.

위험부담을 안은 정기 연주회

하지만 정기 연주회는 자체적으로 개최하는 것이기 때문에 그 오케스트라의 '얼굴'로 자리한다. 직접 말러의 연주를 상품으로 내놓거나, 자신들의 오케스트라는 모차르트 혹은 베토벤 등의 고전을 가장 제대로 연주하는 팀이라거나, 혹은 영화음악이나 팝 등의 친숙한 음악을 주요 상품으로 내놓는 등의 다양한 '얼굴'이 있다. 바꿔 말하면 각 오케스트라가 갖고 있는 개성을 보여주는 것이 정기 연주회이기도 하다.

"응? 그럼 정기 연주회 이외의 콘서트에서는 오케스트라의 '얼굴'을 보여주지 않는 거야?"라는 의문도 생길 것이다.

그렇다. 정기 연주회가 아닌 연주회에서는 오케스트라의 '얼굴'을 보여주는 것이 불가능한 일은 아니지만 그러기가 매우 어렵다. 왜냐하면 정기 연주회라는 자체 연주회 이외에는 대개 기업이나 자치단체 혹은 음악 감상 단체, 이밖에 미디어나 오케스트라 이외의 단체가 연주회를 주최하기 때문이다.

"주최를 오케스트라에서 한 것이 아니면 왜 '얼굴'을 보여줄 수 없는 거지?"

이 역시 이유는 간단하다. 주최자가 대개 그 연주회의 스폰서이기 때문이다. 주최자가 직접 스폰서로 나서지 않을 경우에 주최자는 다른 곳에서 스폰서를 찾을 것이다. 주최자나 스폰서가 "이 곡을 연주해 주기를 바란다"고 제안하면 "아니, 그 곡은 연주할 수 없습니다"라고 거절하기 어렵다. 게다가 주최자가 연주회 콘셉트를 정하는 경우가 많으므로 오케스트라가 "브루크너의 교향곡을 연주하고 싶다"고 해도 그 의견이 받아들여지는 경우는 거의 없다.

물론 다른 주최자가 있는 경우에는 금전적인 위험부담이 적지만 자체 공연(정기 연주회)에는 늘 금전적 위험부담이 따른다. 그러기 때문에 정기 회원제라는 시스템이 필요하다. 정기 회원이란 대개 1년간의 정기 공연 입장권을 모두 미리 구입해 주는 관객들을 가리키는 말로, 어떤 의미에서 이 사람들이 그 오케스트라의 팬클럽 회원이라고 할 수 있다. 오케스트라에게는 아주 소중한 사람들이다.

어떤 물건이라도 그것을 사용하려는 또는 좋아하는 팬이 없다면 그 물건은 팔리지 않는다. 그 점에서는 오케스트라도 마찬가지다. "저 오케스트라의 저 소리가 좋다.""저 오케스트라가 연주하는 모차르트가 좋다." 이렇게 말하는 사람들이 없다면 오케스트라는 운영이 어렵다.

자체 공연, 정기 연주회를 최소한 규정에 정해진 횟수대로 채울 수 있는 기반을 가진 오케스트라가 아니면 프로라고 할 수 없다는 오케스트라 연맹의 규정은 그래서 바람직하다고 할 수 있다. 그러나 나는 개인적으로 좀더 구체적이기를 기대한다. "정기 회원 수가 만 명이 넘을 것" 혹은 "3만 명 이상일 것"처럼, 팬을 얼마나 확보하고 있는지도 규정해야 오케스트라가 일반인의 생활 속에 좀더 확실하게 뿌리를 내릴 것이라고 보기 때문이나.

오케스트라에 내일은 있는가?

이처럼 비용이 많이 들고 경영도 어려운 조직인 오케스트라의 미래는 과연 어떻게 될 것인가?

이는 내가 늘 생각하는 일이다.

아마 내가 살아 있는 동안에 오케스트라라는 존재가 이 지구상에서 사라지는 일은 없을 것이다. 그러나 그렇다고 해서 "오케스트라는 불멸할 것"이라는 말은 누구도 쉽게 할 수 없을 것이다. 오히려 오케스트라의 위기는 바로 우리 눈앞에 다가와 있을지도 모른다.

그렇다고 서양 음악이 사라진다거나 하는 그런 위기는 아니다. 인류가 발명한 것, 인류가 필요로 하는 것이라면 그것은 앞으로도 계속 존재할 것이다. 그러나 오케스트라는 그것과는 전혀 다른 의미에서 위기를 안고 있다. 조직으로서의 위기다.

오케스트라의 위기 첫번째는 덩치가 너무 크다는 점이다. 오케스트라에는 많은 악기 연주자가 있고, 수많은 스태프가 조직과 관련되어 있다. 이러한 크기도 분명 가치가 있다. 솔로 연주회, 실내악과는 전혀 다른 음악의 흥분은 규모가 큰 오케스트라를 통해서만 얻을 수 있으며, 그 즐거움 역시 오케스트라의 덩치가 크기 때문에 가능하다. 그러나 한편으로 이러한 크기가 손발을 묶는 수갑이나 족쇄가 되고 있는 것도 사실이다.

공룡은 커다란 덩치 때문에 멸종했다고 보는 학자가 많다(운석설도 있지만). 다시 말해 몸체가 거대한 생물은 환경의 변화에 민첩하게 대응하지 못해 자연히 멸종해 간다. 지금 지구상에 있는 코끼리나 코뿔소, 고래 등의 거대 생물은 한 세대의 시간이 길어, 그 결과 갑작스런 변이로 새로운 종을 생성해 내지 못해 서서히 멸종을 향해 나아가고 있는 것이다. 오히려 쥐나 곤충과 같은 작은 생물들은 개체수가 많고 몸이 작아 오래 살아남을 수 있을 것이라고 한다.

이와 같은 생물의 법칙을 음악 세계에 적용해 보면 쉽게 이해할 수 있을 것이다. 매우 큰 조직인 오케스트라는 갑자기 모습을 바꾸기 어렵다. 바로크 시대와 비교하면 그 모습이 상당히 달라진 것처럼 보이지만 현재의 오케스트라 형태가 앞으로 급격히 달라질 가능성이 있을까?

거대한 조직을 유지하기 위해서는 많은 자금이 필요하다. 궁정이나 귀족, 교회와 같은 조직이 오케스트라를 유지했던 시대(16~18세기)에서 상인이나 길드, 민간의 음악 애호가 조직이 오케스트라를 유지하던 시대로 바뀌어(19세기), 현재는 기업이나 자치단체 그리고 민간 조직이 오케스트라를 유지해 가는 형태로 바뀌었다. 이것이 과연 금세기 혹은 다음 세기까지 유지될 수 있을까?

오케스트라의 가치

물자를 생산한다는 개념에서 볼 때, 음악가가 생산해 내는 것은 어떤 형태가 없다. 생명체를 유지하는 데 필요한 음식을 생산하는 것은 농업이지만, 음악은 정신세계를 충족시키기 위해 필요한 것이어서 여기에 경제활동과 관련된 이론은 맞지 않다. 옥수수가 가진 음식물로서의 가치는 누구나 알 수 있기 때문에 옥수수를 얻기 위해 어떤 대가가 필요하다는 것은 누구나 잘 알고 있다.

그러나 베토벤 음악의 가치는 모든 사람으로부터 이해를 받을 수 없다. 더구나 그의 음악을 듣지 않아도 살아가는 데 아무 문제가 없다. 따라서 그의 음악을 듣기 위해 어느 정도의 대가가 필요한지를 이론화하기는 어렵다. 그렇다면 음악가가 작곡이나 연주 행위를 하면서 생계를 꾸려가는 것은 처음부터 불가능한 일일까?

꼭 그렇지만도 않다. 일정한 법칙이 있는 것은 아니지만 베토벤의 음악에도 차이코프스키의 음악에도 옥수수 못지않은 혹은 그 이상의 가치가 있다는 것을 인정하는 사람이 이 지구상에는 꽤 많기 때문이다.

하지만 이 사람들은 과연 어디에 있을까? 아직은 그 수가 적다. 아마 이것이 가장 큰 문제일 것이다.

서양 음악은 유럽 여러 국가 속에서 수백 년(서양 음악으로서 확립된 지 이미 700년 이상은 된다) 동안 발전해 왔다. 그런 서양 음악이 일본에 들어온 것은 메이지 유신 때다. 그후 우리는 열심히 유럽을 뒤쫓고 뛰어넘기 위해서만 이를 공부하여(그렇다. 공부를 하려고 했다는 점에 문제가 있었던 것인데), 이제 140년 정도 시간이 흘러 오늘에 이르렀다. 과연 현재 우리의 음악 상황은 어떻게 되었을까?

서양 음악은 우리 생활 속에 진정 뿌리를 내렸을까?

서양 음악을 이해하고 즐기는 환경이 지금 우리에게 진정 있는 것일까?

뿌리를 내린 듯 내리지 못한 듯, 있는 듯 없는 듯 상당히 미묘한 음악 환경에서 우리는 살고 있다. 서양 음악을 우리 사회 속에 문화로서 정착시키기 위해 필요한 조건은 아직 우리 사회에 마련되어 있지 않다고 나는 생각한다.

우리에게 필요한 세 가지 조건

음악문화가 그 나라 속에 진정 정착하기 위해서는 적어도 세 가지 조건이 필요하다.

먼저 첫번째는 그 음악을 이해하고 작곡해 발표하는 기술자가 있어야 한다는 것. 다시 말해 우수한 음악가가 얼마나 존재하는가 하는 점이다. 여하튼 우리는 이 조건은 갖추었는지도 모른다. 우리에게는 세계 톱클래스의 음악가들이 상당히 많다. 음악가의 기술만을 보면 분명 세계 톱클래스다.

그러나 기술 수준이 높다고 해서 그것만으로 문화가 정착되었다고는 말할 수 없다. 진정한 의미에서 서양 음악이 정착하기 위해서는 두 가지 조건이 더 마련되어야 한다. 그 하나가 이와 같은 음악가들이 음악 활동만으로 충분히 생계를 유지할 수 있는 환경이다. 그러나 이러한 환경이 마련되어 있다고는 인사치레로조차도 말을 꺼낼 수 없는 상황이다. 우선 음악대학을 나와도 이들이 취직할 만한 곳이 없다. 바이올린을 공부한 사람들이 일반 회사에 취직한다면 그것이 무슨 의미가 있겠는가? 바이올리니스트가 취직해서 하는 일은 오케스트라 활동이든가 다른 연주 조직, 혹은 스튜디오에서의 연주 활동이다. 하지만 이러한 자리에 취직할 수 있는 행운아는 정말 몇 명뿐이다. 그 이외의 대다수는 전혀 다른 일을 해야 한다. 유예기간으로 해외유학이라는 길을 선택하는 사람도 많다. 그러나 이는 단지 유예기간이 조금 연장되는 것 이상의 의미는 별로 없다. 대부분은 유학에서 돌아와도 일이 없는 경우가 많다.

이는 서양 음악을 이해하고 이를 즐기며 이를 생활 속에서 느끼는 생활환경을 아직 갖추지 못했다는 사실을 의미한다. CD나 텔레비전에서 흘러나오는 음악을 듣는 것이 음악과 함께 하는 생활이라고 착각하게 만든 것은 도대체 누구일까?

그리고 좀더 냉혹한 눈으로 볼 때, 우리에게는 진정한 의미에서의 음악 매니지먼트라는 것이 전혀 존재하지 않는다는 사실과도 무관하지 않다. 이것이 세 번째 조건이다.

클래식 비즈니스

알기 쉽게 말해, 음악을 돈으로 바꾸는 방법론을 가진 매니지먼트가 없다는 것, 즉 매니저가 없다는 것이다. 옥수수도 경작하는 사람이 있다는 것만으로 그것이 돈으로 바뀌지 않는다. 판매해 주는 사람이 없으면 돈이 되지 않는다.

기술력을 가진 훌륭한 음악가가 훌륭한 연주를 보여주더라도 그것을 제대로 매니지먼트 해줄 사람이 없다면 음악가는 생활을 꾸려갈 수 없다.

우리에게는 서양 음악과 관련해서 커다란 편견이 있다. 그것은 클래식 음악은 돈이 되지 않는다는 편견이다. 이는 크게 잘못된 생각이다. 세계적으로 가장 돈이 되기 쉬운 음악은 클래식 음악이며, 록이나 재즈는 이보다 훨씬 돈이 되지 않는 분야다.

세계 정상급 테너가 하룻밤에 벌어들이는 출연료가 1억 엔에 달하는 경우도 있다(물론 이는 상한선에 가까운 계약금이지만). 록 스타가 이 정도의 출연료를 받았다 해도 록 콘서트 자체에 돈이 많이 들어간다. 10톤 트럭 몇 대분의 기자재를 운반하여 무대에 설치하고, 많은 미술, 의상, 스태프를 투입해야만 비로소 공연할 수 있는 무대가 록 콘서트다(거의 오페라 공연과 상황이 비슷하다).

이에 비해 세계 톱인 테너의 콘서트는 반주해 주는 피아니스트 한 명만 있으면 공연이 가능하다. 기본적으로 클래식 콘서트에는 록 콘서트처럼 대대적인 제작비가 필요하지 않다. 우수한 아티스트만 있으면 되기 때문이다. 따라서 무대에 많은 인원수가 서야 하는 오케스트라 연주회를 비즈니스로서 성공시키는 방법론이 지금 필요하다.

클래식은 돈이 되지 않는다는 생각이 상식으로 널리 퍼져 있는 것은 처음부터 클래식을 비즈니스로 보는 방법론을 생각한 사람이 없었기 때문은 아닐까?

매력적인 연주회

오케스트라가 앞으로 제대로 모양을 갖추고 생활에 뿌리내려 정착하기 위해서는 세 가지 조건에 대해 생각해 보아야 한다고 말했다.

사람들의 생활 속에 음악을 뿌리내리는 것, 연주회나 라이브를 찾아가는 습관이 당연한 일이 되도록 사람들의 생활 일부로 만드는 것, 이 모두가 쉬운 일은 아니다. 하지만 이를 위한 노력을 아끼지 않아야 한다.

그럼 어떻게 하면 사람들을 연주회에 오게 할 수 있을까?

대답은 간단하다. 매력적인 연주회를 여는 것, 바로 그것뿐이다.

지금까지 언급한 갖가지 오케스트라와 관련된 이야기도 모두 이 결론을 말하고 싶었기 때문이다. 유럽이 700년 걸린 일을 불과 140년 정도의 시간으로 같은 수준을 기대할 수는 없는 일이다. 우리가 서양 음악을 안다고 결코 생각하지 않는 것, 여기에서 시작해야 한다. 안다고 생각하는 시점에서 인간은 모든 사고를 멈춘다. 인간은 잘 모르니까 알려고 하는 것이다.

우리는 서양 음악에 대해 아직 아무것도 모른다. 이것이 모든 것의 출발점이다. 이러한 생각을 갖지 않으면 앞으로 50년 후, 100년 후에도 우리에게 오케스트라가 존속한다고는 아무도 보장할 수 없다.

우선 우리는 서양 음악을 좀더 알아야 한다. 아는 체하거나 음악 평론가의 말을 그대로 믿을 것이 아니라, 우리에게 진정 필요한 지식을 배우고 진정 필요한 음악은 무엇인지를 조금씩 생활 속에서 이해해 가야 할 것이다.

오케스트라 연주회에서든 피아노 리사이틀에서든 연주회 주최자는 매우 불친절한 편이다. 프로그램에 여러 가지로 곡에 대한 해설이나 연주자의 해설을 기재하는 것은 좋지만 주최자가 하는 일은 여기서 끝나버린다. 청중이 작품을 모두 이해했다고 제멋대로 간주한 채 연주회를 진행한다. 이는 음악을 이해하지 못했다면 그건 당신 잘못이라고 말하는 것과 다르지 않다. 아주 오만한 태도로밖에 보이지 않는다고나 할까?

왜 무대에서 직접 음악을 해설해 주는 사람이 없을까? 왜 지휘자나 연주가는 직접 곡을 해설하거나 청중에게 말을 걸지 않을까?

오케스트라의 미래 청사진

그러면 이렇게 답하는 사람이 있을 것이다. 유럽에서는 그렇게 하는 것이 비상식적인 일로, 연주가는 항상 묵묵히 연주만 하는 것이 당연하며 연주회 도중에 말을 하거나 해설을 하는 행위는 상상할 수도 없다고.

문제는 그것이 아니다. 그러한 상식이 통용되는 것은 그곳이 수백 년 동안 자신들의 독자적인 음악문화를 만들어온 유럽이기 때문이다. 우리에게는 아직 그러한 상식이 없으며 통용되지 않는다.

"이제 우리는 서양 음악을 유럽 사람들과 같은 수준에서 즐길 수 있다. 우리 수준은 높다"는 착각에서 벗어나야 할 것이다. 우리는 서양 음악에 대해 아직 잘 모른다. 어째서 그러한 겸허한 자세에서 출발하지 못하는 것일까?

서양 음악의 원리는 모두 기독교가 존재했기에 탄생한 것이다. 이와 같은 원리조차도 무시한 채, 기독교 인구가 절대적으로 적은 이 나라에서 클래식 음악을 필사적으로 우리 문화의 일부로 여기려고 하는 것이다.

우리가 오케스트라의 밝은 미래 청사진을 그리는 데 가장 중요한 것은 팬을 양성해 내는 일이다. 그 길뿐이라고 나는 생각한다. 정기회원 수를 더욱 늘리고, 많은 학교나 단체, 자치단체, 회사, 그리고 개인이 오케스트라라는 조직과 그 음악에 더욱 관심을 갖기 바라는 마음으로 항상 노력해야 한다. 그렇게 하지 않으면 100명이나 되는 집단의 음악을 접할 기회가 거의 없는 일반인들에게 오케스트라는 더욱 먼 존재가 되고 말 것이다.

이 책을 쓸 기회를 주신 NHK 출판의 나카노 씨, 고마이 씨, 그리고 거듭되는 취재에도 흔쾌히 응해주신 일본 필하모니 교향악단의 스테이지 매니저 도요타 씨, 도쿄 필하모니 교향악단의 스테이지 매니저 아라키 씨, 도쿄도 교향악단의 스테이지 매니저 야마노 씨, 그리고 도쿄 오페라시티의 스테이지 매니저 아사미 씨, 그밖의 많은 오케스트라 관계자 분들께 깊이 감사드리면서 펜을 놓는다.

오케스트라 음악 하면 무슨 생각이 먼저 드나요?

웅장하다. 장엄하다. 우아하다. 지루하다. 어렵다. 딱딱하다.

오케스트라 음악에 대해 긍정적이든 부정적이든 우리는 분명 어떤 느낌을 갖습니다.

그런 오케스트라에 대해 이 책은 그 작은 개념에서부터 오케스트라를 구성하는 악기 하나하나의 역사와 역할, 기능, 그리고 그 악기를 활용한 작곡가들의 훌륭한 곡들에 대해 구체적이면서 어렵지 않게 설명을 합니다.

저자의 설명을 듣다 보면, 그러려니 하고 그냥 지켜보던 오케스트라의 연주 모습이 조금씩 다르게 보이기 시작합니다. 저 위치에 저 악기가 있구나 하고 눈으로 확인도 하고, 바이올린 섹션에 앉아 있는 콘서트마스터의 움직임이 눈에 들어오고, 연주자들이 서로 눈빛을 교환하는 모습, 관악기 연주자의 부산한 악기 조정, 오른쪽에 버티고 선 더블베이스 연주자의 듬직한 모습, 뒤쪽 구석에서 지휘자를 주시하는 팀파니 연주자, 지휘자의 좌우중앙으로 오가는 고갯짓과 손짓 등등 모든 움직임 하나하나가 눈에 들어오기 시작합니다. 그리고 들려오는 음악에 잠시 자신을 맡깁니다.

그러다 보면 음악을 구성하는 것은 음만이 아니라는 것을 알게 됩니다. 각 악기, 그 악기를 연주하는 연주자, 지휘자, 이들의 무대를 보이지 않는 곳에서 보좌하는 스태프들, 그리고 무대 위의 모든 움직임을 주시하는 청중들.

저자는 오케스트라의 존재 이유를 그 중에서 특히 청중, 즉 클래식 음악 팬들에게서 찾습니다. 이들의 존재가 즉 오케스트라의 존립과 이어진다는 것입니다.

오랜 동안 유럽의 문화로 자리해 온 서양 음악이 아시아에서는 아직 생활 속에 깊이 뿌리내려 정착하지 못하고 있음을 우려하면서, 저자는 오케스트라를 생활 속 문화로 정착시키고 활성화하기 위해 비즈니스 방법론을 갖고 접근해야 할 필요가 있다는 것, 그래서 매력 있는 오케스트라를 만들어 팬을 확보해 가는 것이 필요하다는 점을 강조합니다. 현재 위기라고 할 수 있는 오케스트라가 팬을 확보한다면 문화로서 정착할 수 있다고 보는 것입니다.

제가 느끼기에 저자가 말하고 싶은 오케스트라의 비밀은 바로 클래식을 아끼는 팬, 오케스트라 음악을 들으러 연주회장까지 찾아오는 청중이었던 것은 아닐까 싶습니다.

저도 그 비밀의 일부가 될 수 있을까요?

여러분은 이 책을 읽으며 오케스트라의 어떤 비밀을 만나게 될까요?

이언숙